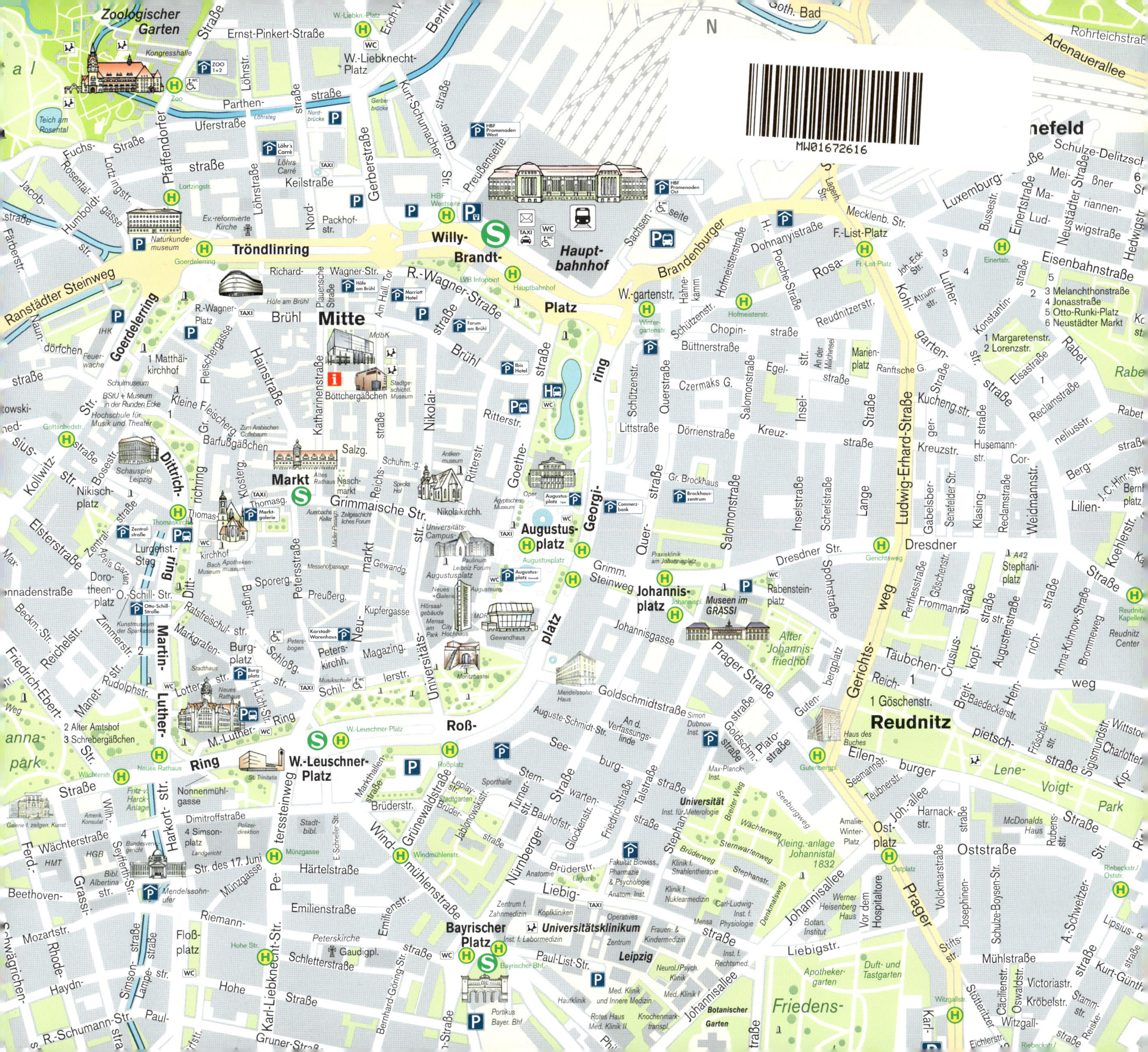

Zoologischer Garten
Kongresshalle
Teich am Rosental
Ernst-Pinkert-Straße
W.-Liebknecht-Platz
Parthen-
Uferstraße
Löhrstr.
Gerberstraße
Kurt-Schumacher-Str.
Preußenseite
Hauptbahnhof
Willy-Brandt-Platz
Tröndlinring
Ranstädter Steinweg
Goerdelerring
Richard-Wagner-Str.
R.-Wagner-Straße
Brühl
Mitte
Höfe am Brühl
Böttchergäßchen
Katharinenstraße
Hainstraße
Nikolaistraße
Ritterstr.
Goethestraße
Georgiring
Markt
Salzg.
Grimmaische Str.
Nikolaikirchh.
Augustusplatz
Oper
Gewandhaus
Universitätsstr.
Petersstraße
Thomaskirche
Dittrichring
Martin-Luther-Ring
Burgplatz
Neues Rathaus
Roßplatz
W.-Leuschner-Platz
Peterssteinweg
Karl-Liebknecht-Str.
Bayrischer Platz
Universitätsklinikum Leipzig
Johannisplatz
Museen im GRASSI
Alter Johannisfriedhof
Prager Straße
Dresdner Str.
Ludwig-Erhard-Straße
Reudnitz
Täubchenweg
Gerichtsweg
Oststraße
Ostplatz
Lene-Voigt-Park
Friedenspark
Botanischer Garten
Liebigstr.
Johannisallee
Brandenburger Str.
Eisenbahnstraße
Rosa-Luxemburg-Str.
Adenauerallee
Rohrteichstraße
Goldschmidtstraße
Nürnberger Straße
Windmühlenstraße
Härtelstraße
Emilienstraße
Riemannstr.
Karl-Tauchnitz-Str.
Beethovenstr.
Mozartstr.
Harkortstr.
Friedrich-Ebert-Str.
Käthe-Kollwitz-Str.
Elsterstraße
1 Matthäikirchhof
1 Margaretenstr.
2 Lorenzstr.
3 Melanchthonstraße
4 Jonasstraße
5 Otto-Runki-Platz
6 Neustädter Markt
2 Alter Amtshof
3 Schrebergäßchen
1 Göschenstr.

Inhaltsverzeichnis – Table of Contents – Contenu

Eine Rundfahrt durch Leipzig

Rund um Leipzig

Anhang mit Informationen

Andreas Schmidt

LEIPZIG

Moderne Großstadt mit Kultur und Tradition

Gewandhaus, City Hochhaus, Universität Leipzig am Augustusplatz

ZIETHEN-PANORAMA VERLAG

LEIPZIG – moderne Großstadt

Andersen, Bach, Grieg, Kafka, Leibniz, Nietzsche, Schiller, Wagner, Zetkin – die Liste bedeutender Persönlichkeiten, die in Leipzig gelebt oder gewirkt haben, ist lang und liest sich wie ein Who is Who der europäischen Geschichte. Neben Paris und Wien gilt Leipzig bis heute als bedeutendste Musikstadt. Aber auch als Messestadt, Buchstadt, Industriemetropole oder als Stadt der Friedlichen Revolution schrieb Leipzig Weltgeschichte. In Leipzig befinden sich der größte Kopfbahnhof, Europas monumentalstes Denkmal und das geschlossenste Passagensystem. Und nicht zuletzt gilt Leipzig mit über 15.600 Kulturdenkmälern als Deutschlands Denkmalhauptstadt. Trotz aller Superlative hat sich Leipzig – von den Einwohnern liebevoll als „große Provinz" bezeichnet – bis heute eines bewahrt: Weltoffenheit und Charme. Der Dichter Gotthold Ephraim Lessing äußerte sich 1749 treffend: „Ich komme nach Leipzig, an einen Ort, wo man die ganze Welt im Kleinen sehen kann."

Wie entstand Leipzig?

Die eigentliche Besiedlung des Stadtkerns begann im 5. Jahrtausend v. Chr. auf dem Gelände südlich des heutigen Goerdelerrings. Eingewanderte Slawen bauten im 6. Jahrhundert eine feste Ansiedlung. Um 800 erhielt die sorbische Siedlung den Namen „Lipzk" (lipa = Ort bei den Linden). 928 wurde auf dem Hügel des späteren Matthäikirchhofs die deutsche Burg „urbs lipsi" gegründet, die 1015 in der Chronik des Bischofs Thietmar von Merseburg erstmals erwähnt wurde. Als Gründungsjahr der Stadt gilt das Jahr 1165, in dem Markgraf Otto der Reiche das Stadtrecht und das Marktrecht erteilte. An der Kreuzung der zwei schon von den Römern angelegten Handels- und Heerstraßen via regia und via imperii gelegen, entwickelte sich Leipzig nun zu einem wichtigen Handelszentrum. Ein Meilenstein auf diesem Weg war das im Jahr 1497 von

LEIPZIG – modern metropolis

Andersen, Bach, Grieg, Kafka, Leibniz, Nietzsche, Schiller, Wagner, Zetkin – the list of famous people who have lived or worked in Leipzig is long, and reads like a Who's Who of European history. Like Paris and Vienna, Leipzig has always been a centre of music, but is also internationally renowned for its trade fairs, its book trade, its many industries and its key role in the Peaceful Revolution that led to the German reunification. In Leipzig you will find the largest railway terminus, the largest monument in Europe, and the densest system of shopping arcades. Not least, Leipzig may be called Germany's heritage capital, with over 15,600 cultural monuments. Despite all these superlatives, Leipzig – which the inhabitants fondly refer to as the "Big Province" – has retained its cosmopolitan charm. The poet Gotthold Ephraim Lessing summed it up in 1749 when he wrote "I arrive in Leipzig, a place where you can see the whole world in a nutshell."

The origins of Leipzig

The first known settlements in what is now the city centre date to the 5th century B.C. In the 6th century A.D., Slav immigrants erected dwellings in the area south of the present-day Goerdelerring, and around 800, the location of the Sorb community was recorded as Lipzk (lipa = place of the lime trees). In 928 a German castle named Urbs Lipsi was founded on the hill where the precinct of St Matthew's church was later laid out. The castle was first mentioned in 1015 in the chronicle of Bishop Thietmar von Merseburg. The founding of Leipzig as such is now dated to 1165, the year in which Margrave Otto the Rich granted the settlement a charter and market privileges. Leipzig soon developed into an important trading centre, for it stood at the crossroads of two ancient trade and military routes, the Via Regia and the Via Imperii, laid out as long ago as Roman times. The year 1497 marked

LEIPZIG – métropole moderne

Andersen, Bach, Grieg, Kafka, Leibniz, Nietzsche, Schiller, Wagner, Zetkin – la liste des grands personnages qui ont vécu ou œuvré à Leipzig pourrait remplir des pages du Gotha de l'histoire européenne. Outre Paris et Vienne, Leipzig est jusqu'à aujourd'hui considérée comme un temple de la musique. Mais elle a également inscrit son nom dans l'histoire mondiale comme ville de foire et de l'édition, métropole industrielle et ville de la Révolution pacifique. Leipzig abrite la plus grande gare tête de ligne d'Allemagne, le plus grand monument commémoratif d'Europe et un réseau de passages couverts unique dans le pays. Dotée de plus de 15 600 constructions historiques et culturelles, Leipzig est par ailleurs la « capitale allemande des monuments ». Nonobstant tous ces superlatifs, la ville, affectueusement surnommée « notre grande province » par ses habitants, a conservé jusqu'à aujourd'hui un charme particulier. Elle est pourtant cosmopolite depuis des siècles ainsi que le révèle l'écrivain Gotthold Ephraim Lessing qui écrivait en 1749 : « Je vais à Leipzig, une ville où l'on peut voir le monde entier à petite échelle. »

Origines de Leipzig

5000 ans avant notre ère, des hommes s'installaient à l'endroit situé aujourd'hui au sud du Goerdelerring. Des Slaves arrivèrent au VIe siècle et bâtirent un village qui reçut le nom de « Lipck », signifiant « lieu près des tilleuls » en sorabe vers l'an 800. En 928, un établissement germanique appelé « urbs Lipsi » y était fondé sur la colline où s'élèverait plus tard l'église alors nommée « Matthäikirche ». Cette colonie est mentionnée pour la première fois par écrit en 1015 dans la chronique de l'évêque Thietmar von Merseburg. La date officielle de la fondation de la ville est 1165, année durant laquelle le margrave Otto le Riche accorda à Leipzig ses droits de ville et de marché. Située au croisement de deux routes marchandes importantes (la via regia et la

Kaiser Maximilian I. verliehene Messeprivileg. Es erhob die dreimal im Jahr abgehaltenen Märkte zu Reichsmessen und verbot den im Umkreis von 15 Meilen liegenden Städten, Märkte durchzuführen.

Die Universität Leipzig

Auch die Universität trug maßgeblich zur Entwicklung Leipzigs bei. Sie wurde am 2.12.1409 mit vorwiegend aus Prag kommenden Professoren gegründet und ist heute nach Heidelberg die zweitälteste Universität Deutschlands, an der durchgängig gelehrt wird. Ihr hervorragender Ruf zeigt sich auch darin, dass etwa 40 Nobelpreisträger hier wirkten, lehrten oder ihre Werke verlegten. Einer der bedeutendsten ist Werner Heisenberg, der 1932 den Nobelpreis für Physik erhielt. Heute hat die Universität Leipzig über 150 Institute und Einrichtungen, an denen fast 30.000 Studenten studieren.

Hier spielt die Musik

Die Anfänge des musikalischen Lebens in Leipzig reichen bis 1212 zurück. Markgraf Dietrich eignete sich ein Gotteshaus an und "stiftete" es den Augustiner-Chorherren. Aus der Stiftschule ging der Thomanerchor hervor, der später 27 Jahre lang von Johann Sebastian Bach geleitet wurde. Leipzigs Aufstieg zur europäischen Musikstadt begann 1743. In diesem Jahr fanden sich 16 Kaufleute zusammen und gründeten den Konzertverein „Großes Concert". Nach dem Umzug in das Messehaus der Tuchwarenhändler (Gewandhaus) erhielt das Orchester den Namen Gewandhausorchester. In ihm erklang am 25.11.1781 das erste Gewandhauskonzert. Fast alle berühmten Komponisten wie Wolfgang Amadeus Mozart oder die in Leipzig geborene Pianistin Clara Wieck traten hier auf. Den europäischen Ruhm begründete Felix Mendelssohn Bartholdy, der 1835 als Gewandhauskapellmeister gewonnen

one of the milestones of Leipzig's history, for in that year it was awarded the right to hold trade fairs. Not only were the already existent markets, held three times yearly, promoted to Imperial fairs, but all other trade fairs were prohibited within a 15-mile radius.

The University of Leipzig

The University too played a significant role in the development of Leipzig. It was founded on 2 December, 1409, and the professors came mainly from Prague. Today it is the second oldest university in Germany with an unbroken history of teaching after Heidelberg. Its excellent reputation can be judged by the fact that about forty Nobel prizewinners either worked, taught or had their books published here. One of the most renowned of these was Werner Heisenberg, who was awarded the Nobel Prize for Physics in 1932. Today the University of Leipzig consists of over 150 institutes and other establishments, providing for a total of almost 30,000 students.

Music in Leipzig

The beginnings of Leipzig's long musical history can be traced back to 1212, when Margrave Dietrich acquired a church and donated it to the Augustinian Canons. The school of this foundation was to become the birthplace of the now famous Choir of St Thomas, later conducted by none other than Johann Sebastian Bach for twenty-seven years. But Leipzig did not truly emerge as a European music centre till 1743, when sixteen merchants joined forces to found the Great Concert Society. When the society's orchestra moved to a new location, the House of the Drapers, or Gewandhaus, it also adopted the name and since then has been known as the Gewandhaus Orchestra. The first Gewandhaus concert took place on November 25,

via imperii), établies dès l'époque des Romains, la cité se développa en un centre commercial majeur en Europe. Un des jalons sur la voie de sa prospérité fut l'année 1497 lorsque l'empereur Maximilien 1er dota la ville du privilège de foire. Les trois foires annuelles de Leipzig devenaient ainsi « foires impériales » et aucune agglomération dans un diamètre de 24 km autour de Leipzig n'avait le droit de tenir marché.

L'université de Leipzig

L'université a également joué un rôle majeur dans le développement de Leipzig. Elle fut fondée le 2.12.1409, notamment par des professeurs allemands qui avaient quitté l'université de Prague. Elle est aujourd'hui, après Heidelberg, la deuxième plus ancienne université allemande, avec un enseignement jamais interrompu depuis sa création, il y a 600 ans. Le fait qu'une quarantaine de prix Nobel y ont enseigné et poursuivi leurs recherches a largement contribué à la réputation internationale de l'Université. Un de ses scientifiques les plus renommés est Werner Heisenberg, qui reçut le prix Nobel de physique en 1932. Aujourd'hui, l'université de Leipzig compte 14 facultés et plus de 150 Instituts, fréquentés par quelque 30 000 étudiants.

Ville de la musique

Les débuts de la vie musicale de Leipzig remontent à 1212. Le margrave Dietrich s'appropria une église dont il « fit don » au chœur des chanoines augustins. Cette collégiale forma la base du Chœur de Saint-Thomas que plus tard, Jean-Sébastien Bach dirigea pendant 27 ans. L'essor de Leipzig en tant que ville de la musique européenne commença en 1743. À cette date, 16 négociants se réunirent pour fonder une association appelée « Grand Concert ». Après avoir déménagé dans l'édifice des négociants de toile (Gewandhaus), l'ensemble prit le nom d'Orchestre du Gewandhaus, mondialement

wurde. Die Geburtsstunde der Oper Leipzig schlug bereits 1693, womit sie nach Mailand und Hamburg die drittälteste Musikbühne Europas ist. Mit herausragenden Dirigenten und Komponisten wie Albert Lortzing, Gustav Mahler und Richard Wagner, der am 22.5.1814 in Leipzig geboren wurde, strahlt sie bis heute nach außen. Wer sich auf die Spuren der Musikstadt begeben möchte, kann der „Leipziger Notenspur" folgen. Das Wegeleitsystem verbindet in einem fünf Kilometer langen Rundgang 24 Stationen des musikalischen Schaffens.

Weltzentrum des Buchhandels

Durch den ab 1724 an der Universität Leipzig wirkenden Literaturtheoretiker Johann Christoph Gottsched wurde Leipzig auch zum Mittelpunkt des geistigen Lebens in Deutschland. Er legte mit der „Grundlegung einer Deutschen Sprachkunst" 1748 die erste brauchbare deutsche Grammatik vor. Der Verlagsbuchhändler Philipp Erasmus Reich sorgte dafür, dass sich Leipzig zum Weltzentrum des Buchhandels entwickelte. Unter ihm vollzog sich 1764 der Umzug der führenden Buchmesse von Frankfurt/Main nach Leipzig, sodass sich Leipzig als Standort für deutschsprachige Werke etablierte. Diese Entwicklung wurde erst nach dem Zweiten Weltkrieg wieder umgekehrt. Im Jahr 1900 verzeichnete das Leipziger Stadtadressbuch mehr als 2.200 Firmen aus allen Zweigen des Buchhandels und Buchgewerbes, darunter 848 Verlage. Vom damaligen Glanz des Grafischen Viertels zeugt noch heute das Reclam-Karree. Aber auch sonst hat die Buchstadt viel zu bieten: Jährlich im März findet die „Leipziger Buchmesse" statt, die mit über 2.000 Ausstellern und etwa 1.800 Lesungen das Bücher-Festival schlechthin darstellt.

1781. Numerous famous composers and performers came here, including Wolfgang Amadeus Mozart and the pianist Clara Wieck, a native of Leipzig. The orchestra first made musical history on a European scale when Felix Mendelssohn Bartholdy was appointed Kapellmeister, or Musical Director, in 1835. Leipzig Opera House was founded as early as 1693, and is therefore the third oldest in Europe after Milan and Hamburg. Today, Leipzig Opera still basks in the glory of the days when it played host to famous conductors and composers such as Albert Lortzing, Gustav Mahler and of course Richard Wagner, who was born in Leipzig on May 22, 1814. If you wish to explore Leipzig's musical history, you need only follow the so-called "Leipziger Notenspur" trail, a five-kilometre-long round tour that takes in twenty-four of Leipzig's most prominent musical addresses.

An international centre of the book trade

After the author and literary theorist Johann Christoph Gottsched began to teach at Leipzig University in 1724, Leipzig became the centre of intellectual life in Germany. Gottsched's "Grundlegung einer Deutschen Sprachkunst", published in 1748, a treatise on the stylistic principles of the German language, was in effect the first practical German grammar. It was due to the publisher Philipp Erasmus Reich that Leipzig was to become an international centre of the book trade, for it was Reich who ensured that the leading German book fair in Frankfurt on the Main was transferred to Leipzig in 1764. Leipzig quickly became the most important location for German publishers, and not until after the Second World War did Frankfurt adopt its former role. In the year 1900, over 2,200 firms connected with the book trade and industry were listed in the official Leipzig address book, including over 848 publishing houses. Apart from the Reclam-Karree

célèbre aujourd'hui. Sa première représentation eut lieu le 25.11.1781. De nombreux compositeurs célèbres tels que Wolfgang Amadeus Mozart ou encore la pianiste Clara Wieck née à Leipzig s'y produisirent. La réputation de l'Orchestre du Gewandhaus s'étendit d'abord en Europe lorsque Felix Mendelssohn Bartholdy en prit la direction en 1835. La naissance de l'Opéra de Leipzig date de 1693, ce qui en fait, en terme d'ancienneté, la troisième salle de concerts d'Europe après Milan et Hambourg. L'Opéra qui a accueilli des chefs d'orchestre et compositeurs de premier rang tels que Albert Lortzing, Gustave Mahler et Richard Wagner, né à Leipzig le 22.5.1814, a conservé son éclat jusqu'à aujourd'hui. Pour aller sur les traces de la vie musicale de Leipzig, on peut suivre le « Leipziger Notenspur », qui guide au long d'un circuit de 5 km menant à 24 hauts lieux de création musicale.

Centre mondial de l'édition

C'est grâce au théoricien et homme de lettres Johann Christoph Gottsched qui travailla à l'université de Leipzig à partir de 1724 que la ville devint également un centre littéraire de premier plan en Allemagne. Il rédigea entre autres un traité de grammaire épurant la langue allemande en 1748. L'éditeur Philipp Erasmus Reich assura la réputation future de Leipzig en tant de centre de commerce mondial des livres en transférant la foire du livre de Francfort-sur-le-Main à Leipzig en 1764. La ville se développa ensuite comme premier lieu des œuvres littéraires allemandes, et ce jusqu'après la Seconde Guerre mondiale, date à laquelle Francfort reprit la proéminence. En 1900, le catalogue de la foire du livre de Leipzig recensait plus de 2 200 entreprises de toutes les branches de l'imprimerie et du commerce des livres, dont 848 maisons d'édition. Aujourd'hui encore, le Reclam-Karree témoigne de l'éclat ancien du « quartier graphique » où étaient

Die industrielle Revolution in Leipzig

Im April 1839 war die Leipzig-Dresdner Eisenbahn mit einer Länge von 120 Kilometern die erste Fernbahn Deutschlands. Der Nationalökonom Friedrich List, der 1833 nach Leipzig gekommen war, wies den Industriellen nach, welche Bedeutung der Schienenverkehr für die wirtschaftliche Entwicklung besaß. Er plante ein deutsches Eisenbahnnetz, bei dem Leipzig eine zentrale Rolle zukam.

Die Industrialisierung begann vor allem im Stadtteil Plagwitz. Dort wurde bis heute ein zirka 90 Hektar großes Flächendenkmal der Industriearchitektur erhalten. Plagwitz war das erste planmäßig entwickelte, großräumige Industriegebiet Deutschlands. Es wurde von Karl Heine geprägt, der sich schon früh für die Eisenbahn sowie für die wirtschaftliche Nutzung von Wasserwegen begeisterte. Seine Visionen ermöglichten den Bau eines Kanals, der von Leipzig nach Hamburg führen sollte.

Hauptstadt des Historismus

Nach 1989 erfolgte durch die Stilllegung vieler maroder DDR-Betriebe der Niedergang von Plagwitz. Doch glücklicherweise überdauerten die meisten Bauensembles die schwierigen Jahre. Heute kann man ehrfurchtsvoll die prachtvollen Backsteinbauten sowie die beeindruckenden Kanäle bewundern, die Leipzig zur Hafenstadt machen sollen. Ein wichtiger Schritt auf diesem Weg war die Eröffnung des Stadthafens im Jahr 2010.

Leipzigs architektonischer Reichtum resultiert aus dem erstaunlichen Wachstum der Stadt zwischen 1871 und 1914, der im starken Maße auf die industrielle Entwicklung zurückzuführen ist. Die Einwohnerzahl wuchs von zirka 100.000 auf etwa 625.000 an, sodass der Wohnungsbau florierte. Heute besitzt die Stadt den quantitativ und qualitativ größten Reichtum an

house, little remains of the former grandeur of the so-called Graphic Quarter. Nonetheless, Leipzig is catching up again, for the annual Leipzig Book Fair held annually in March, with over 2,000 exhibitors and about 1,800 readings, is rapidly gaining popularity as a major book festival.

The Industrial Revolution in Leipzig

The Leipzig to Dresden railway line, with a length of 120 kilometres, was the first long-distance rail route in Germany. The leading German economist Friedrich List, who arrived in Leipzig in 1833, emphasised to industrialists the significance of rail traffic for future economic prosperity. He planned a German rail network in which Leipzig was designed to play a key role.

The main process of industrialisation in Leipzig began in the district of Plagwitz. Today this is an industrial archaeology site covering about 90 hectares. Plagwitz was the first large-scale planned industrial area in Germany. It was the entrepreneur Karl Heine, a keen advocate of railways and the commercial use of waterways, who shaped the face of Leipzig's industrial townscape. His vision of a Leipzig-Hamburg canal led to the first sections being excavated from 1864 onwards.

The capital of Neo-Classical architecture

After 1989, many of the decrepit factories of the former German Democratic Republic were closed down, marking the decline of Plagwitz. Luckily many of the former industrial complexes survived the problematic years following German reunification, and today the fine old brick buildings and the impressive reaches of canal designed to make Leipzig into a port have become visitor attractions. The latter ambition has stayed alive, and the year 2010 saw the opening of Leipzig town harbour.

installés de nombreux imprimeurs et éditeurs. La foire du livre de Leipzig qui a lieu chaque année en mars accueille actuellement plus de 2 000 exposants et offre quelque 1 800 événements littéraires.

L'industrialisation à Leipzig

La première ligne de chemin de fer à longue distance d'Allemagne (120 km), reliant Leipzig à Dresde, fut inaugurée en avril 1839. Le célèbre économiste allemand-américain Friedrich List, qui en initia la construction et résidait en tant que consul des États-Unis à Leipzig depuis 1833, persuada les industriels allemands de l'importance d'un réseau ferroviaire pour le développement de l'économie du pays.

L'industrialisation à Leipzig commença dans le quartier de Plagwitz où une aire de quelque 90 hectares d'architectures industrielles rappelle cette époque jusqu'à aujourd'hui. Plagwitz fut la première grande zone industrielle aménagée d'Allemagne. Son plan de développement est dû au politicien et avocat Karl Heine qui s'intéressa très tôt au chemin de fer et à l'utilisation commerciale des voies fluviales. L'un des projets qu'il entreprit fut la construction du canal destiné à relier Leipzig à Hambourg, lequel porte aujourd'hui son nom.

Capitale de l'historicisme allemand

Suite à la réunification de l'Allemagne, en 1990, de nombreuses usines vétustes furent fermées en RDA. La zone industrielle de Plagwitz fut désaffectée, mais conserva heureusement la plupart des bâtiments de ses usines. C'est ainsi qu'on peut aujourd'hui admirer de superbes édifices en briques ainsi que des canaux impressionnants sur lesquels on mise pour faire de Leipzig une ville portuaire d'importance. L'inauguration du port en 2010 est un premier pas vers une nouvelle prospérité économique.

Bauten des Historismus. Eine Architekturspezialität sind die Messehäuser und Passagen, die meist Ende des 19. Jahrhunderts entstanden. Zu Leipzigs "Messe-Blütezeit" 1927 waren 50 Messehäuser in Betrieb.

Schwierige Zeiten

Vor Beginn des Zweiten Weltkriegs war Leipzig die viertgrößte Stadt mit über 700.000 Einwohnern. Da sich hier das Rüstungszentrum der Luftfahrtindustrie befand und über 200 Rüstungsbetriebe produzierten, war Leipzig für die Alliierten von großer militärstrategischer Bedeutung. Das schwerste Bombardement, bei dem über 5.000 Menschen ihr Leben verloren, fand in der Nacht vom 3. zum 4.12.1943 statt. Glücklicherweise wurde Leipzig jedoch nicht so stark zerstört wie andere deutsche Städte.

Während der DDR-Zeit konnte Leipzig trotz der schwierigen Bedingungen an seine Traditionen anknüpfen. Es entstanden beeindruckende Bauten wie das neue Opernhaus (1969), das heutige City-Hochhaus (1972) und das Gewandhaus (1981). Von 1947 bis 1990 wurden im Frühjahr und im Herbst Universalmessen durchgeführt, die Leipzig zur Drehscheibe des Ost-West-Handels machten. Diese Weltoffenheit führte dazu, dass Leipzig als die westlichste Stadt der DDR galt und die Bürger die Möglichkeit hatten, ihre Privatzimmer an Messegäste zu vermieten.

Die Friedliche Revolution

Im Kontrast zu den freundschaftlichen Messekontakten stand der DDR-Alltag, der geprägt war von Mangelwirtschaft, dem Verfall der Wohnhäuser und der Verlogenheit der Medien. Immer mehr Leipziger reisten aus oder suchten Zuflucht in den Kirchgemeinden, vor allem in der Nikolaikirche.

Leipzig's rich architectural heritage is largely a result of the extraordinary expansion of the town between 1871 and 1914. This was largely due to the growth of industry and the accompanying population increase from about 100,000 to about 625,000 inhabitants, which in turn led to a vigorous new phase of house-building. Today Leipzig has an abundance of first-rate Neo-Classical buildings. The trade fair buildings and arcades, most dating from the late 19th century, also constitute a noteworthy architectural feature. In 1927, in the heyday of Leipzig fairs, there were no less than fifty trade fair houses in use.

Difficult Times

Before the outbreak of war in 1939, Leipzig was Germany's fourth largest town, with a population exceeding 700,000. As it was also the centre of weapon production for the aviation industry, with over 200 armaments factories, its military and strategic importance made it a key target for the Allies. Over 5,000 people died during the heaviest bombardment of Leipzig during the night between 3 and 4 December, 1943. Luckily, Leipzig was not as badly damaged as many other German towns.

During the Communist era, Leipzig was able to reestablish some of its traditions despite the difficult circumstances. Some impressive buildings were erected, such as the new Opera House (1969), the present City-Hochhaus (1972) and the Gewandhaus (1981). From 1947 till1990, universal trade fairs took place in spring and autumn, making Leipzig into a commercial hub between East and West. Such cosmopolitan connections meant that it became the most "Western" town of the German Democratic Republic, and townspeople were even allowed to rent private rooms to visitors of the fairs.

La richesse architecturale de Leipzig repose sur le remarquable développement, notamment dans l'industrie, que connut la ville entre 1871 et 1914. Durant cette période, la population augmenta de quelque 100 000 à environ 625 000 habitants. Le secteur du bâtiment connut alors un énorme essor. Leipzig abrite aujourd'hui une vaste quantité d'édifices magnifiques de style Belle Époque et Art nouveau. La plupart des passages et édifices de la foire datent de la fin du XIXe siècle. En 1927, à l'âge d'or de la foire de Leipzig, on comptait 50 bâtiments d'exposition en activité.

Des temps difficiles

Comptant plus de 700 000 habitants, Leipzig était la quatrième ville d'Allemagne avant la Seconde Guerre mondiale. Mais elle était aussi le centre de l'industrie aéronautique militaire et abritait plus de 200 entreprises d'armement. La ville était donc une cible stratégique pour les Alliés ; le plus lourd bombardement eut lieu dans la nuit du 3 au 4 décembre 1943, causant la mort de quelque 5 000 personnes. Toutefois, Leipzig ne subit pas autant de destructions que bien d'autres villes allemandes.

Malgré les conditions difficiles sous le régime socialiste de la RDA, Leipzig parvint à renouer avec ses traditions. C'est ainsi que furent construits l'édifice impressionnant du nouvel Opéra en 1960, la tour aujourd'hui appelée City-Hochhaus en 1972 et le Gewandhaus moderne en 1981. De 1947 à 1990, au printemps et en automne, se tenaient les foires Universal, plaques-tournantes du commerce Est-Ouest. Leipzig resta ainsi une ville cosmopolite, la plus occidentale de toutes les villes du bloc Est. Ses habitants avaient même le droit de louer des chambres privées aux visiteurs venant du monde capitaliste.

Dort organisierte Pfarrer Christian Führer seit dem 20.9.1982 jeden Montag die Friedensgebete gegen das Wettrüsten. Die Zahl der Bürgerrechtler, die Reformen einforderten, wuchs. Sie wurden angeregt von Michail Gorbatschows Politik der Glasnost (Offenheit) und Perestroika (Umbau). Im Herbst `89 gingen die Bilder von den Friedensgebeten in der Nikolaikirche und den Montagsdemonstrationen um die Welt. Der entscheidende Tag der Friedlichen Revolution war der 9.10.1989, als 70.000 Demonstranten in Leipzig mit dem Ruf „Wir sind das Volk!" das SED-Regime stürzten. Damit wurde der Weg zur Einheit Deutschlands frei. Diese Bewegung hatte sich auch auf andere Großstädte der DDR übertragen, zum Beispiel auf Berlin, Dresden und Plauen.

Beständig ist die Veränderung

Heute wohnen in Leipzig etwa 550.000 Menschen. In kaum einer anderen Stadt wurde nach 1990 derart viel und spektakulär gebaut. Nicht nur die Neue Messe und das Paulinum, sondern auch die sanierten Gründerzeit-Häuser bestimmen das Bild des neuen Leipzigs. Im Umfeld des Flughafens Leipzig/Halle siedelten sich namhafte Unternehmen wie DHL, BMW und Porsche an. Touristisch beeindruckend ist der Landschaftswandel, der sich im Leipziger Neuseenland vollzieht. Aus ehemaligen Tagebaurestlöchern entsteht ein Verbund aus 18 Seen mit vielen Freizeitangeboten. Das Leben spielt sich jedoch vor allem in der ein Quadratkilometer großen Innenstadt ab. Hier laden Geschäfte, Restaurants und Cafés zum Verweilen ein. Und hier tummeln sich bis früh am Morgen Geschäftsleute, Studenten und Lebenskünstler auf der Kneipenmeile „Drallewatsch".

The Peaceful Revolution

In contrast to the pleasant atmosphere of the trade fairs, everyday life in the former GDR was characterised by a chronic scarcity of goods, increasingly dilapidated housing and blatantly dishonest media. Many people in Leipzig fled the country or sought refuge in parish churches, above all the Nikolaikirche. Here, on 20 September, 1982, a pastor named Christian Führer organised peace prayers as a protest against the Cold War arms race. The prayers henceforth took place every Monday, and the number of civil rights activists demanding reforms increased, encouraged by Michail Gorbatschow's policy of "Glasnost" (openness) and "Perestroika" (restructuring). In autumn 1989, pictures of the Nikolaikirche, the Peace Prayers and the Monday Demonstrations were broadcast around the world. The turning point of the Peaceful Revolution came on 9 October, 1989, when 70,000 demonstrators toppled the regime with the cry of "We are the people!" The path to German reunification was free.

What's constant is change

Today Leipzig has about 550,000 inhabitants. Since 1990, hardly a town in Germany has undergone such an extensive and spectacular building programme. The new townscape of Leipzig is exemplified by the New Trade Fair, the Paulinum and the many renovated late-19th century houses. Foremost companies such as DHL, BMW and Porsche have settled around Leipzig-Halle airport. The impressive landscaping of former open-cast mining areas has resulted in a major visitor attraction in the form of eighteen linked lakes, in an area that now offers numerous leisure facilities. Life in Leipzig itself revolves around the town centre, a district of one square kilometre packed with attractive shops, restaurants and cafés. A crowd of business people, students and those simply in search of enjoyment can be found in the taverns of the Drallewatsch quarter into the early hours.

La révolution pacifique

Très éloigné des contacts cordiaux durant les foires, le quotidien des citoyens de la RDA était plutôt sombre entre les pénuries économiques, le délabrement des habitations et la propagande des médias. De plus en plus d'habitants de Leipzig tentaient de fuir en Allemagne de l'Ouest ou cherchaient du réconfort dans leurs paroisses. Depuis le 20.9.1982, le pasteur Christian Führer de l'église évangélique Saint-Nicolas organisait tous les lundis des prières pour la paix contre la course à l'armement nucléaire. Le nombre des militants des droits civiques, appelant à des réformes, augmenta d'année en année, encouragés par la « glasnost » (politique de transparence) et la perestroika (restructuration économique) de Michail Gorbatschow. En automne 1989, les images des prières pour la paix à Saint-Nicolas et les manifestations du lundi feront la une dans tous les pays du monde. Le 9.10.1989, la révolution pacifique culmina lorsque 70 000 personnes défilèrent dans les rues de Leipzig au cri de « Nous sommes le peuple ! »

Le changement

Leipzig a aujourd'hui quelque 550 000 habitants et connaît un développement spectaculaire depuis 1990. Non seulement le nouveau parc des expositions et le Paulinum, mais aussi les superbes maisons et édifices anciens réhabilités marquent la physionomie du nouveau Leipzig. Des entreprises renommées telles que DHL, BMW et Porsche se sont établies dans les environs de l'aéroport Leipzig/Halle. Impressionnants sont aussi les changements dans le paysage autour de Leipzig. Les anciennes zones minières se sont transformées en une immense aire de loisirs, Neuseenland, où s'étendent 18 lacs aménagés. Mais c'est surtout dans le centre-ville que les touristes découvrent le renouveau de Leipzig. Sur 1 km^2, une opulence de magasins, restaurants et cafés témoigne de l'essor de la ville après la réunification allemande.

Wenn Lessing heute in Leipzig studieren würde, hätte er seinen damaligen Ausspruch wahrscheinlich dahingehend ergänzt: „Ich komme nach Leipzig, in eine Stadt, die sich täglich verändert und niemals schläft."

Berühmte Persönlichkeiten und ihr Wirken in Leipzig

27.6.-17.7.1519 – Auf der Pleißenburg fand die Leipziger Disputation zwischen Martin Luther (1483-1546) und Andreas Karlstadt (1482-1541) sowie Johannes Eck (1486-1543) statt. Das Streitgespräch bestätigte den Bruch des Reformators mit der römisch-katholischen Kirche.

6.11.1632 – An diesem Tag kam es zur Schlacht bei Lützen. Diese führte zum Rückzug der Truppen Wallensteins (1583-1634) und zur Wiedereinnahme Leipzigs durch die Schweden. In der Schlacht starb der Schwedenkönig Gustav II. Adolf während eines Erkundungsritts.

1650 – Der Drucker Timotheus Ritzsch (1614-1678) gab die „Leipziger Einkommende Ordinar- und Postzeitung" heraus – die erste Tageszeitung der Welt.

30.5.1723 – Johann Sebastian Bach (1685-1750) wurde als Thomaskantor verpflichtet. In Leipzig schrieb er seine wichtigsten Werke, u.a. die Matthäuspassion.

1811 – Der Begründer der Homöopathie, Samuel Hahnemann (1755-1843), begann seine Tätigkeit als Arzt und Hochschullehrer in Leipzig.

27.8.1824 – Auf dem Marktplatz fand mit der Enthauptung des Perückenmachers Johann Christian Woyzeck (1780-1824) die letzte öffentliche Hinrichtung statt. Er hatte aus Eifersucht seine Geliebte erstochen. Diese Tat inspirierte Georg Büchner (1813-1837) zu seinem gleichnamigen Drama.

If Lessing were a student in Leipzig today, he would probably formulate his statement rather differently: "I arrive in Leipzig, a place that alters daily, and never sleeps."

Famous personalities and events at Leipzig

27.6.-17.7.1519 – A theological debate between Martin Luther (1483-1546), Andreas Karlstadt (1482-1541) and Johannes Eck (1486-1543) took place at Pleissenburg castle. The dispute confirmed the break between the reformer Luther and the Roman Catholic church.

6.11.1632 – The Battle of Lützen. As a result, the troops of Wallenstein (1583-1634) retreated and Leipzig again fell into Swedish hands. Gustavus Adolphus, the king of Sweden, died during the battle while reconnoitring on horseback.

1650 – The printer Timotheus Ritzsch (1614-1678) published the "Leipziger Einkommende Ordinar- und Postzeitung" – the world's first daily newspaper.

30.5.1723 – Johann Sebastian Bach (1685-1750) was appointed Thomaskantor. He wrote the St Matthew Passion and many other of his most important works in Leipzig.

1811 – The founder of homeopathy, Samuel Hahnemann (1755-1843), began work as a doctor and university professor in Leipzig.

27.8.1824 – The wigmaker Johann Christian Woyzeck (1780-1824) was beheaded in the market sqaure He had murdered his mistress in a fit of jealousy. The deed inspired the playwright Georg Büchner (1813-1837) to write the eponymous drama.

Si Lessing venait aujourd'hui étudier à Leipzig, il écrirait sans doute : « Je vais à Leipzig, une ville qui évolue tous les jours et ne dort jamais. »

Personnages célèbres de Leipzig

27.6 - 17.7.1519 – La « Dispute de Leipzig », à laquelle participent Martin Luther (1483-1546), Andreas Karlstadt (1482-1541) et Johannes Eck (1486-1543) a lieu dans la caserne de Pleissenburg. Elle confirme la séparation du réformateur avec l'église romaine-catholique.

6.11.1632 – Journée de la bataille de Lützen qui s'achève avec le retrait des troupes de Wallenstein (1583-1634) et la reprise de Leipzig par les Suédois. Le roi suédois Gustave Adolphe II est tué en menant une charge de cavalerie.

1650 – L'imprimeur Timotheus Ritzsch (1614-1678) publie le journal « Leipziger Einkommende Ordinar- und Postzeitung » – le premier quotidien dans le monde.

30.5.1723 – Jean-Sébastien Bach (1685-1750) devient chef de musique à Saint-Thomas. Il compose ses œuvres majeures à Leipzig, dont la passion selon Saint-Matthieu.

1811 – Samuel Hahnemann (1755-1843), fondateur de la doctrine homéopathique, commence sa carrière de médecin et d'enseignant à Leipzig.

27.8.1824 – La dernière exécution publique a lieu sur la place du marché : le perruquier Johann Christian Woyzeck (1780-1824) est décapité pour avoir poignardé sa maîtresse par jalousie. Georg Büchner (1813-1837) s'inspirera de ce fait pour écrire sa célèbre pièce de théâtre éponyme.

1.10.1828 – Anton Philipp Reclam (1807-1896) gründete den Verlag Philipp Reclam jun. Mit der seit dem 10.11.1867 erschienenen „Universal-Bibliothek" erlangte der Verlag Weltgeltung.

16.10.1865 – Luise Otto-Peters (1819-1895) und Auguste Schmidt (1833-1902) gründeten mit weiteren Frauen im Leipziger Schützenhaus den „Allgemeinen Deutschen Frauenverein".

1866 – Friedrich Nietzsche (1844-1900) – seit 1865 Philosophiestudent an der Universität – hielt im Philologischen Verein seinen ersten öffentlichen Vortrag.

1886 – Gustav Mahler (1860-1911) nahm seine Tätigkeit an der Oper auf. In zwei Jahren dirigierte er in 214 Vorstellungen 54 verschiedene Werke und komponierte in Leipzig seine erste Sinfonie.

1886 – Carl Ernst Mey (1844-1903) begründete mit den ersten illustrierten Warenkatalogen das deutsche Versandhandelsgeschäft.

28.1.1900 – Im „Mariengarten" in der Karlstraße 10 erfolgte die Gründung des Deutschen Fußball-Bundes (DFB), dem sich 86 Vereine anschlossen.

1918 – Erich Gruner (1881-1966) entwarf für das am 8.2.1917 gegründete Leipziger Messamt das „Doppel-M" – Leipzigs berühmtes Messesymbol.

9.10.1960 – Der Neubau des Opernhauses wurde mit Wagners „Meistersingern von Nürnberg" unter Regie von Joachim Herz (1924-2010) eröffnet. Weltweites Aufsehen erregte Herz mit seinem 1976 in Leipzig abgeschlossenen „Ring des Nibelungen".

1.10.1828 – Anton Philipp Reclam (1807-1896) founded the publishing house of Philipp Reclam jun. The firm gained international reputation with its Reclam Universal Library, a series that first appeared on November 11, 1867.

16.10.1865 – Luise Otto-Peters (1819-1895), Auguste Schmidt (1833-1902) and a group of other women founded the General Union of German Women in the Schützenhaus in Leipzig.

1866 – Friedrich Nietzsche (1844-1900) delivered his first public lecture at the Leipzig Philological Society. He came to Leipzig as a student in 1865.

1886 – Gustav Mahler (1860-1911) took up a post as conductor at Leipzig Opera House. In two years he conducted 214 performances of 54 different works. He also composed his first symphony in Leipzig.

1886 – Carl Ernst Mey (1844-1903) founded the German mail order business with the first illustrated catalogues of goods for sale.

28.1.1900 – The German Football League (DFB) was founded in the Mariengarten tavern at No. 10 Karlstrasse, Leipzig, and consisted of 86 clubs.

1918 – Erich Gruner (1881-1966) designed the famous Double M logo for the Trade Fair Office, founded on February 8, 1917. It became a familiar symbol of Leipzig trade fairs.

9.10.1960 – The newly built Opera House was opened with a performance of Wagner's Mastersingers of Nuremberg, directed by Joachim Herz (1924). Herz gained international renown with his Ring of the Nibelungen cycle, whose final performance took place in Leipzig in 1976.

1.10.1828 – Anton Philipp Reclam (1807-1896) fonde la maison d'édition « Philipp Reclam jun. » qui devient mondialement connue avec la parution de la « Bibliothèque universelle » le 10. 11. 1867.

16.10.1865 – Les militantes féministes Luise Otto-Peters, écrivaine, (1819-1895) et Auguste Schmidt, enseignante, (1833-1902) fondent « l'Association générale des femmes allemandes ».

1866 – Friedrich Nietzsche (1844-1900) – L'étudiant en philosophie à l'université de Leipzig depuis 1865 tient sa première conférence publique à la société de philologie.

1886 – Gustav Mahler (1860-1911) devient chef d'orchestre à l'Opéra de Leipzig. En deux ans, il dirige 214 représentations de 54 œuvres différentes et compose sa première symphonie à Leipzig.

1886 – Carl Ernst Mey (1844-1903) fonde la vente par correspondance en Allemagne en publiant le premier catalogue illustré de marchandises.

28.1.1900 – Réunis au restaurant « Mariengarten » dans la Karlstrasse 10 (aujourd'hui Büttnerstrasse) à Leipzig, les représentants de 86 clubs de football de tout le pays fondent la Fédération allemande de Football (DFB).

1918 – Erich Gruner (1881-1966) crée le « double M » pour la Société de la Foire fondée le 8.2.1917, qui deviendra le célèbre logo des foires de Leipzig.

9.10.1960 – Le nouvel Opéra est inauguré avec les « Maîtres Chanteurs de Nuremberg » de Wagner, mis en scène par Joachim Herz (1924-2010), mondialement réputé depuis sa représentation de « L'Anneau du Nibelung » en 1976 à Leipzig.

Die Alte Handelsbörse mit dem Denkmal des jungen Goethe

The Old Stock Exchange, with a statue of the young Goethe in front · L'ancienne Bourse de commerce avec le monument de Goethe

Das Neue Rathaus mit dem Rathausturm und dahinter das City-Hochhaus

The new town hall with the tower and behind the city skyscraper · La nouvel hôtel de ville avec le tour derrière la gratte-ciel city

mdr

Bei der Moritzbastei handelt es sich um den letzten erhaltenen Rest der mittelalterlichen Stadtbefestigung, die 1551-53 auf Befehl des Kurfürsten Moritz von Sachsen erbaut wurde. Die Bauleitung hatte Hieronymus Lotter inne. Nach dem Zweiten Weltkrieg wurden die Gemäuer mit Trümmerschutt verfüllt. Im Jahr 1974 entfernten Studenten der Universität Leipzig den Schutt in 150.000 unbezahlten Arbeitsstunden und eröffneten die „mb" als größten Studentenclub Europas mit Cafés, Restaurants und Veranstaltungsräumen.

The name Moritzbastei derives from a bastion that is the only remaining section of Leipzig's town walls. These were erected by master builder Hieronymus Lotter between 1551-1553 on the orders of Elector Moritz of Saxony. After World War II, Moritzbastei was filled with rubble and became completely overgrown. In 1974 the heaps of wartime debris were finally removed by students from the University of Leipzig, a task that required 150,000 hours of unpaid labour. Moritzbastei is now Europe's largest student club, with cafes, restaurants and function rooms.

La Moritzbastei occupe le dernier vestige de l'enceinte de la ville, construite de 1551 à 1553 par Hieronymus Lotter sur ordre du prince-électeur Moritz de Saxe. Les galeries furent remplies de décombres à la fin de la Seconde Guerre mondiale. En 1974, des étudiants de l'université de Leipzig déblayèrent l'endroit en 150 000 heures de travail bénévole. Ils ouvrirent la Moritzbastei, le plus grand club estudiantin d'Europe avec des cafés, restaurants et salles polyvalentes.

Bundesverwaltungsgericht am Pleißemühlgraben

The German Federal Administrative Court in Pleissemühlgraben · Tribunal administratif fédéral au Pleissemühlgraben

Der 3,7 Kilometer lange Pleißemühlgraben wurde ab 930 als Nebenarm der Pleiße künstlich angelegt und diente im frühen Mittelalter der Wasserkraftnutzung sowie als Erwerbsgrundlage der Leipziger Fischer. Den Abschnitt vor dem Bundesverwaltungsgericht, einem der bedeutendsten Monumentalbauten des Wilhelminischen Kaiserreichs, markieren blau leuchtende Stelen. Diese eindrucksvolle Lichtgestaltung weist auf die in den vergangenen Jahren wieder freigelegten Flussläufe hin.

The 3.7-kilometre-long Pleissemühlgraben, fed by the river Pleisse, was dug out as an artificial waterway after the year 930. In the early Middle Ages it provided a supply of water power and also a source of income for Leipzig's fishermen. Illuminated blue pillars mark the section in front of the German Federal Administrative Court, one of the most important 19th century architectural monuments of the former German Empire. The impressive lighting design shows places where underground rivers have been rediverted to their former above-ground state.

Long de 3,7 km, le Pleissemühlgraben, bras de la rivière Pleisse, fut canalisé en 930 et servit dès le début du Moyen Âge à produire de l'énergie hydraulique et à fournir les pêcheurs de Leipzig en poisson. Des stèles bleues illuminées se dressent devant une façade du tribunal administratif fédéral, un édifice monumental construit à la fin du XIXe siècle, sous le règne de l'empereur Guillaume II. Ces impressionnantes colonnes lumineuses marquent la partie du canal déblayée au cours des dernières années.

Bundesverwaltungsgericht mit dem historischen Plenarsaal

The German Federal Administrative Court, showing the historic assembly hall · Salle de justice du tribunal administratif fédéral

Nach Errichtung des Reichstagsgebäudes in Berlin war das ehemalige Reichsgericht der zweite Monumentalbau des Wilhelminischen Kaiserreichs. Er wurde 1888-95 nach Entwürfen von Ludwig Hoffmann und Peter Dybwad erbaut, die Bezug auf die italienische Spätrenaissance-Architektur nahmen. Im Reichsgericht – dem höchsten deutschen Gerichtshof – fand der berühmte Reichstagsbrandprozess statt, bei dem Marinus van der Lubbe 1933 zum Tode verurteilt wurde. Seit 2002 ist es Sitz des Bundesverwaltungsgerichts.

After the Berlin Reichstag, the former Imperial Administrative Court was the most important architectural monument of the former German Empire, which existed from 1871-1918. The architects Ludwig Hoffmann and Peter Dybwad took as their model the style of the Italian late Renaissance, and building work was carried out between 1888-1895. Here, in the highest court in Germany, Marinus van der Lubbe was condemned to death in 1933 for supposedly setting fire to the Reichstag. Since 2002, this has been the seat of the German Federal Administrative Court.

Après d'édification du Reichstag à Berlin, l'ancien tribunal du Reich fut le deuxième édifice monumental de l'époque wilhelminienne. Il fut construit de 1888 à 1895 d'après des plans de Ludwig Hoffmann et Peter Dybwad qui se référèrent à l'architecture de la Renaissance tardive italienne. C'est dans cette salle de justice qu'eut lieu le procès du jeune Hollandais Marinus van der Lubbe qui tenta d'incendier le Reichstag en 1933 et fut condamné à mort. L'édifice est siège du tribunal administratif fédéral depuis 2002.

Neues Rathaus auf den Grundmauern der Pleißenburg

The New City Hall, built on the foundations of Pleissenburg castle · Nouvel hôtel de ville sur les fondations de la citadelle Pleissenburg

Der Prachtbau wurde 1899-1905 auf dem Terrain der ehemaligen Pleißenburg errichtet. Hugo Licht schuf den Entwurf, der sich an die Architektur des Florentiner Palazzo Vecchio anlehnt. Mit einer Grundfläche von rund 10.000 m² und 578 Räumen gehört das Neue Rathaus zu den größten Rathausbauten der Welt. Der begehbare Turm ist mit 114,7 Metern Höhe der zweithöchste Rathausturm Deutschlands. Im Innern des Rathauses blieben der Ratsplenarsaal und das reich ausgeschmückte Haupttreppenhaus fast unverändert erhalten.

The magnificent building stands on the remains of the old Pleissenburg with a 114-metre-high tower. Two lions, Leipzig's heraldic animals, guard the main entrance, and the town hall clock reminds us of our mortality with its inscription "Mors certa, hora incerta" (Death is certain, the hour uncertain). Five sculptures on the southern side of this monumental building symbolise the city's virtues: law, book design, science, music, craftsmanship and trade. The magnificent main staircase was built in neo-Renaissance style.

L'édifice imposant fut construit de 1899 à 1905 sur l'emplacement de l'ancienne citadelle Pleissenburg. Hugo Licht conçut les plans qui s'appuient sur l'architecture du palais Vecchio de Florence. Avec une surface de quelque 10 000 m² et 578 salles, le Nouvel hôtel de ville est une des plus grandes mairies du monde. Sa tour accessible de 114,7 m est la deuxième tour de mairie la plus haute d'Allemagne. La salle du Conseil municipal et l'escalier principal richement décoré n'ont presque pas subi de modifications.

Thomaskirche – Wirkungsstätte von J. S. Bach und dem Thomanerchor

The Thomaskirche – the workplace of J. S. Bach and the Choir of St Thomas · Saint-Thomas – lieu d'activités de Jean- Sébastien Bach et de la Chorale

Die 1212 für die Augustiner-Chorherren erbaute Kirche zählt zu den bedeutendsten spätgotischen Hallenkirchen Sachsens. Unter Leitung von Claus Roder wurde 1496 der bis heute erhaltene Bau errichtet. Im Chorraum der Thomaskirche fand Johann Sebastian Bach seine letzte Ruhestätte. Der bedeutende Komponist wirkte 27 Jahre in Leipzig und leitete den weltberühmten Thomanerchor. Diesem kann man freitags um 18 Uhr bei der Motette und samstags um 15 Uhr bei der Bach-Kantate in der Thomaskirche lauschen.

The Church of St Thomas was founded by Augustinian Canons in 1212 and is one of the most important Late Gothic hall churches in Saxony. The present-day church dates from 1496; building work was carried out under the direction of master builder Claus Roder. The final resting-place of Johann Sebastian Bach can be found in the chancel. Bach spent twenty-seven years in Leipzig as the director of the Thomanerchor, the world famous choir of St Thomas. The choir perform motets in the church on Fridays at 6 p.m. and Bach cantatas on Saturdays at 3 p.m.

L'église Saint-Thomas fut d'abord érigée en 1212 pour les Augustins. L'édifice actuel, une des plus remarquables églises de style gothique tardif de Saxe, fut construite à partir de 1496 par le maître d'œuvre Claus Roder. Le tombeau de Jean-Sébastien Bach se trouve dans l'espace de l'autel. Le célèbre compositeur œuvra durant 27 ans à Leipzig, dirigeant entre autres la chorale de Saint-Thomas qui a acquis une réputation mondiale. La chorale se produit à l'église où elle chante des motets tous les vendredis à 18 heures et des cantates de Bach tous les samedis à 15 heures.

Die Thomaskirche mit dem Thomaner Chor

The Church of St Thomas with the choir Thomaner · Église Saint-Thomas avec la chorale Thomaer

Die Thomaskirche verfügt über zwei große Orgeln: Die ältere ist ein Instrument von Wilhelm Sauer von 1885-89. Eine weitere Orgel wurde im Jahr 2000 fertiggestellt. Das Dach der 76 Meter langen Thomaskirche hat einen Neigungswinkel von 63 Grad und ist eines der steilsten Giebeldächer Deutschlands. Jährlich zu Christi Himmelfahrt ist die Thomaskirche Zentrum des Bachfestes, bei dem sich Musikfreunde aus aller Welt in Leipzig treffen. Vor dem Südportal befindet sich das 1908 von Carl Seffner errichtete Bach-Denkmal.

The Thomaskirche contains two large organs. The older instrument, built by Wilhelm Sauer, dates from 1885-89, while the installation of the second organ was completed in 2000. The roof of the 76-metre-long Thomaskirche, with an inclination of 63 degrees, is one of the steepest gabled roofs in Germany. Every year on Ascension Day the church plays host to the Leipzig Bach Festival, an event attended by music-lovers from all over the world. The Bach memorial of 1908, designed by Carl Seffner, stands in front of the southern doorway.

L'église Saint-Thomas abrite deux grandes orgues : Wilhelm Sauer construisit l'instrument le plus ancien de 1885 à 1889, tandis que l'orgue moderne date de 2000. Long de 76 mètres, le toit de l'église a un angle d'inclinaison de 63 degrés, possédant ainsi un des faîtes de toit les plus pentus d'Allemagne. Tous les ans, à l'Ascension, l'église Saint-Thomas est la scène principale de la fête de Bach de Leipzig qui attire des amateurs de musique venus du monde entier. Réalisée en 1908 par Carl Seffner, une impressionnante statue de Bach se dresse devant le portail sud de Saint-Thomas.

Die Thomaskirche – Kreuzrippengewölbe im Langhaus

The Church of St Thomas – cross-vaulting in the nave · Église Saint-Thomas – voûtes de la nef

Bachs Amtseinführung als Thomaskantor erfolgte am 30. Mai 1723. Er bezog mit seiner Familie das Gebäude der Thomasschule. Hier unterstützte ihn ab 1724 sein Vetter Johann Elias Bach als Sekretär und Erzieher seiner Söhne. Im gegenüberliegenden Bosehaus (Thomaskirchhof 16) musizierten die Familien Bach und Bose oft gemeinsam. Das barocke Haus beherbergt seit 1985 das Bach-Museum, das nach umfassendem Umbau pünktlich zum 325. Geburtstag Johann Sebastian Bachs, im März 2010, wieder eröffnet wurde.

Bach was officially appointed Cantor of the Church of St Thomas on May 30, 1723. He moved into the Thomas School with his family, and here, from 1724 onwards, he was aided by his cousin Johann Elias Bach, who acted both as his secretary and as tutor to Bach's children. In the so-called Bosehaus (Thomaskirchhof 16) opposite, the Bose and Bach families often made music together. Since 1985, this Baroque building has housed the Bach Museum. It was renovated and newly opened for Bach's 325. birthday in March 2010.

Jean Sébastien prit son poste de cantor de l'église Saint-Thomas le 30 mai 1723, et s'installa avec sa famille dans le bâtiment de l'école Saint-Thomas. Dès 1724, son cousin Jean Elias Bach devint son secrétaire et précepteur de ses fils. Les Bach et la famille Bose, voisins d'en face, faisaient souvent de la musique ensemble. La maison baroque des Bose, (16, Thomaskirchhof) abrite le musée Bach depuis 1985. Aprés avoir fait l'objet d'importants travaux de rénovation, il fut rouvert au public au printemps 2010.

Weihnachtsmarkt auf dem Marktplatz vor dem Alten Rathaus

Christmas market in the market place in front of the Old Town Hall · Marché de Noël sur la place du marché devant l'ancien hôtel de ville

Die Leipziger verstehen zu feiern! Beim jährlich im Juni veranstalteten „Leipziger Stadtfest" amüsieren sich über 300.000 Besucher. Zehntausende Gäste reisen aus aller Welt zum „Bachfest Leipzig" oder zum „Wave Gotik Treffen" an. Auch Handeln können die Leipziger. Schon Mitte des 13. Jahrhunderts hatte sich die Stadt zu einem der wichtigsten Handelsplätze entwickelt. Heute finden über das ganze Jahr verteilt viele Spezialmärkte statt. Am beliebtesten ist der Weihnachtsmarkt. Seine Geschichte reicht bis in das Jahr 1458 zurück. Er ist damit der zweitälteste Weihnachtsmarkt Deutschlands.

The Leipzigers are masters in the art of celebration. Every year, over 300,000 visitors enjoy themselves at the Leipzig town festival, which takes place in June. Ten thousand guests arrive from all over the world to attend the Leipzig Bach Festival or the 'Wave Gotik Treffen', an international Gothic meeting. Trade also has a long tradition in Leipzig, which was a major commercial centre as early as the mid–13th century. Today numerous special markets take place annually. The most popular is the Christmas market, whose origins date back to 1458, making it the second oldest in Germany.

Les habitants de Leipzig aiment se divertir ! En juin, la fête municipale annuelle accueille plus de 300 000 visiteurs. De même, des dizaines de milliers de visiteurs viennent du monde entier pour assister au « Bachfest Leipzig » ou au « Wave Gotik Treffen ». Mais les citoyens de Leipzig sont aussi commerçants ; leur ville était déjà un centre important de commerce au milieu du XIIIe siècle. De nombreux marchés et foires y ont lieu au cours de l'année. L'un des plus fréquentés est le marché de Noël, dont l'histoire remonte à 1458. Il est le deuxième marché d'Allemagne quant à son ancienneté.

Lebhafte Treffpunkte im Stadtzentrum

Meeting places in the city centre · Les lieux de rencontre dans le centre-ville

Drallewatsch ist ein ursächsischer Begriff für „etwas erleben" und der Namensgeber für Leipzigs bekannteste Erlebnismeile. Mehr als 30 Lokale bieten hier ihre Spezialitäten an. Sperrstunde ist nur zwischen 5 und 6 Uhr. Neben romantischen Innenhöfen und stark frequentierten Szene-Treffs findet man eine Gastronomie-Geschichte, die ihresgleichen in Deutschland sucht. – Mit dem 1694 eröffneten Coffe Baum befindet sich das älteste Kaffeehaus Deutschlands in Leipzig. Hier verkehrten Geistesgrößen wie Richard Wagner, Gotthold Ephraim Lessing und Robert Schumann.

Drallewatsch, an old Saxon dialect word meaning something like 'haveing fun', is also the name of Leipzig's most famous entertainment district. Over thirty restaurants offer a range of specialities, and closing time lasts only from 5 to 6 a.m. Besides the romantic courtyards and jam-packed trendy venues, the long history of gastronomy here is almost unrivalled in Germany. – Leipzig is home to the oldest coffee house in Germany - Coffe Baum, opened in 1694. Among the famous composers and poets who once frequented the café were Richard Wagner, Robert Schumann and Gotthold Ephraim Lessing.

Drallewatsch est un vieux mot saxon signifiant « faire la fête » et le nom du quartier branché le plus populaire de Leipzig. Plus de 30 établissements gastronomiques offrent leurs spécialités, et beaucoup ne ferment leurs portes qu'entre 5 et 6 heures du matin. En plus des terrasses intérieures romantiques et des bistros branchés, on trouve ici une diversité culinaire peu égalée ailleurs en Allemagne. – Leipzig abrite le plus ancien salon de thé du pays, puisque l'ouverture du Coffe Baum date de 1694. Des grands personnages tels Lessing, Robert Schuman et Richard Wagner le fréquentaient.

△ Coffe Baum, ältestes Kaffeehaus Deutschlands ▽ Szeneviertel Drallewatsch

Paulaner Palais – seit 1920 im Besitz der Münchner Brauerei

The Paulaner Palace, owned by the Paulaner brewery of Munich since 1920 · Palais Paulaner, propriété de la Brasserie munichoise depuis 1920

Es hat sich herumgesprochen: In Leipzig isst und trinkt man gut. Dabei sind die Bier-Restaurants eine bevorzugte Adresse – wie das Restaurant Paulaner in der Klostergasse 5. Es befindet sich in einem der schönsten spätbarocken Bürgerhäuser Leipzigs aus der Mitte des 18. Jahrhunderts. Den Namen „Altes Kloster" erhielt das Haus nach dem 1212 gegründeten Augustiner-Chorherrenstift, das sich bis 1543 hier befand. Im Jahr 1920 eröffnete „Paulaner Bräu" München darin ein Restaurant. Seitdem werden die Gäste im Paulaner Palais mit einem herzlichen „Griasseich-goodmidananda" begrüßt.

It is no secret that in Leipzig you can enjoy the very best in food and drink. Among the popular venues are beer restaurants like the Paulaner restaurant in Klostergasse 5, one of Leipzig's most handsome Late Baroque mansions of the mid-18th century. Its name, the Old Monastery, derives from a community of Augustine canons regular that was founded on this site in 1212 and existed till 1543. In 1920 the Munich Paulaner brewery opened a restaurant here, called Paulaner Palace, and even today guests are welcomed with a hearty Bavarian "Griasseich-goodmidananda", or "God greet you together".

C'est un fait acquis : on mange et on boit bien à Leipzig. Les brasseries sont très fréquentées, ainsi le Paulaner au 5 de la Klostergasse. Le restaurant se trouve dans un des plus beaux bâtiments de style baroque tardif de la ville, construit au milieu du XVIIIe siècle. L'édifice patricien doit son nom « Altes Kloster » au chapitre augustinien fondé en 1212, qui résida à cet emplacement jusqu'en 1543. En 1920, la brasserie munichoise « Paulaner Bräu » ouvrit le restaurant, surnommé Palais Paulaner, où la clientèle est accueillie dans toutes les règles de la convivialité saxonne.

Barthels Hof wurde 1747-50 von George Werner im Auftrag des Kaufmanns Gottlieb Barthel erbaut und bis 1996 detailgetreu restauriert. Im barocken Innenhof fanden früher eigene Märkte statt. Hier erkennt man noch die Lastenaufzüge, mit denen die Handelsware auf die Magazinböden gezogen wurde. Im unteren Gewölbe braute Hanns Tollhardt schon um 1497 sein Bier. Heute genießt man im Gasthaus Barthels Hof sächsische Küche. Als Kontrast zum benachbarten Barfußgässchen stellt der Innenhof eine idyllische Ruhezone dar.

Barthels Hof was commissioned by a merchant named Gottlieb Barthel and erected between 1747-1750 by master builder George Werner. In 1996 it was meticulously restored. Barthels Hof once held markets in the Baroque inner courtyard, and the hoists once used to haul wares up to the attic storerooms are still visible. As early as 1497, Hanns Tollhardt was brewing beer in the vaulted cellar. Today you can enjoy local cuisine in Barthels Hof restaurant. The courtyard provides an idyllic oasis that contrasts starkly with the nearby bustle of Barfussgässchen.

Bâti de 1747 à 1750 par George Werner sur commande du négociant Gottlieb Barthel, le Barthels Hof a été restauré à l'identique et rouvert en 1996. Jadis, des marchés se tenaient dans la cour intérieure de style baroque. On reconnaît encore l'emplacement des monte-charges qui transportaient les marchandises dans les dépôts. Sous les arcades, le brasseur Hanns Tollhardt fabriquait déjà sa bière vers 1497. Aujourd'hui, on peut déguster la cuisine saxonne dans la brasserie du Barthels Hof. La cour intérieure offre une oasis de paix idyllique, à deux pas de l'effervescence de la Barfussgässchen.

Barthels Hof wurde 1523 als „Haus Zur Goldenen Schlange" erbaut – 1747-50 ließ der Kaufherr J. G. Barthel einen großen Umbau vornehmen.

Die Mädler Passage löste den legendären Auerbachs Hof ab und wurde 1912-14 nach Entwürfen von Theodor Kösser für den Leder-Fabrikanten Anton Mädler errichtet. Sie gilt als bedeutendster Passagenbau Deutschlands und stellt eine vollkommene Verbindung zwischen Messepalast und Einkaufspassage dar. Nach dem Vorbild der Mailänder Passage „Galleria Vittorio Emanuele II" besitzt sie eine zentrale Rotunde. Dort befindet sich seit 1970 ein Glockenspiel aus Meissener Porzellan, das zu jeder vollen Stunde erklingt.

The Mädler arcade was built on the site of the legendary Auerbachs Hof. Designed by Theodor Kösser for the leather manufacturer Anton Mädler, the arcade was constructed between 1912-1914 and is now regarded as the finest example of its kind in Germany. It provides a perfect combination of the features of an exhibition hall and a shopping arcade. The central rotunda was modelled on that of the Galleria Vittorio Emanuele II shopping arcade in Milan. Since 1970 the rotunda's carillon, which is made of Meissen porcelain, has chimed the hour for shoppers.

Remplaçant le légendaire Auerbachs Hof, le Passage Mädler fut construit de 1912 à 1914 sur des plans de Theodor Kösser pour le fabricant de maroquinerie Anton Mädler. Le Passage Mädler, le plus remarquable en son genre d'Allemagne, relie le palais des expositions et des allées marchandes couvertes. Construit d'après le modèle de la « Galleria Vittorio Emanuele II » de Milan, il possède une magnifique rotonde centrale. Cette dernière abrite un carillon de porcelaines de Meissen, qui sonne toutes les heures.

„Wer nach Leipzig zur Messe gereist,
Ohne auf Auerbachs Hof zu gehen,
Der schweige still, denn das beweist:
Er hat Leipzig nicht gesehn."

Dieser Ausspruch von Friedrich Taubmann hat bis heute Gültigkeit. Durch Goethes Faust-Dichtung wurde der Auerbachs Keller, den der Mediziner Stromer von Auerbach 1525 als Weinausschank für Studenten eröffnete, weltberühmt. Im Fasskeller entstand die Sage des Magiers Dr. Faustus, der reitend auf einem Weinfass den Keller ins Freie verließ.

"If you travel to Leipzig's trade fair without visiting Auerbachs Hof, you should hold your peace, for this just proves that you haven't seen Leipzig."

Today, Friedrich Taubmann's lines are as appropriate as they ever were. Auerbach's Cellar, established by Doctor Stromer von Auerbach in 1525 as a wine tavern for students, was made world-famous by Goethe in his drama Faust. According to legend, Faust evoked the devil's aid to ride up the stairs of the cellar astride a barrel.

« Celui qui se rend à la foire de Leipzig,
et laisse le Auerbachs Hof de côté,
doit se taire puisqu'il a démontré
qu'il n'a rien vu de Leipzig. »

Cette citation de Friedrich Taubmann est encore valable de nos jours. Grâce à l'œuvre « Faust » de Goethe, le caveau d'Auerbach est mondialement célèbre. Il fut fondé en 1525 par le médecin Stromer von Auerbach comme « taverne pour étudiants ». C'est ici qu'est née la légende du Dr Faust, le magicien quittant le caveau en chevauchant un tonneau.

Auerbachs Keller in den Gewölben unter der Mädler Passage

Auerbachs Keller in the vaults beneath Mädler Passage · Caveau d'Auerbach sous le Passage Mädler

Den legendären Fassritt und den sich anschließenden „Schlampamp" der Studenten stellte der Maler Andreas Brettschneider im Jahr 1625 auf zwei Tafeln dar. Goethe, der während seiner Studentenzeit oft im Auerbachs Keller zechte, wurde davon zur „Faust"-Dichtung inspiriert. An der Decke des Fasskellers befindet sich ein riesiger Hängeleuchter (1910-12), der aus einem einzigen Lindenbaumstamm geschnitzt wurde. Er zeigt die Walpurgisnacht und den Fassritt. Eine weitere Attraktion ist das berühmte Weinfass.

Faust's legendary barrel ride and the accompanying student festivities are the subject of two paintings on wood dating from 1625, both by Andreas Brettschneider. Goethe, who was often seen carousing at Auerbach's cellar during his student days, was inspired to write his great tragedy of Faust here. Suspended from the ceiling in the barrel room, in place of a chandelier, there is a huge lamp carved from a single lime-tree trunk .Made in 1910-12, it depicts Walpurgis Night and Faust's barrel ride. The famous old wine barrel is a further attraction.

En 1625, le peintre Andreas Brettschneider immortalisa dans deux tableaux la légendaire chevauchée du tonneau et la beuverie estudiantine qui s'ensuivit. Goethe, hôte assidu du caveau durant ses études à Leipzig, s'en inspira pour écrire son « Faust ». Un grand lustre taillé dans un tronc de tilleul (1910-1912) pend au plafond du caveau. Il représente la chevauchée du tonneau et la nuit de Walpurgis. Un énorme tonneau de vin est une autre curiosité de cette taverne unique.

Der Holzstich nach einem Gemälde von Eduard Grützner (1846–1925) zeigt Faust und Mephisto beim Eintritt in Auerbachs Keller.

Faust: Du sollst leben! Margarethe: Gericht Gottes, dir hab ich mich ergeben
Mephisto (zu Faust): Komm, komm! Ich lasse dich mit ihr im Stich.

Das Riquethaus ist eines der meistfotografierten Gebäude in Leipzig. Es wurde 1908/09 von Paul Lange im Auftrag der seit 1745 in Leipzig ansässigen Firma Riquet & Co. errichtet. Die beiden kupfernen Elefantenköpfe über dem Eingang waren das Markenzeichen der Firma, die eigene Schokoladenprodukte herstellte und weltweite Handelsbeziehungen unterhielt. Gegenüber befindet sich mit dem ehemaligen Messepalast Specks Hof ein weiteres beeindruckendes Gebäude. Es wurde 1908-1929 nach Plänen von Emil Franz Hänsel errichtet.

The Riquethaus is one of the most photographed buildings in Leipzig. It was built by Paul Lange in 1908/09 for the firm of Riquet & Co, which had been based in Leipzig since 1745. The two copper elephant heads above the entrance were the trademark of the firm. Riquet & Co were manufacturers of chocolate who maintained a worldwide network of trade connections. Opposite stands yet another impressive building, the former trade exhibition centre of Specks Hof. It was designed by Emil Franz Hänsel and was built between 1908-1929.

Le Riquethaus est un des édifices les plus photographiés de Leipzig. Il fut construit de 1908 à 1909 par Paul Lange sur commande de la société Riquet & Co, installée à Leipzig depuis 1745. Les deux têtes d'éléphants en cuivre couronnant l'entrée étaient l'emblème de la firme qui produisait des confiseries en chocolat et entretenait des relations commerciales dans le monde entier. Lui faisant face, l'ancien palais des foires dit Specks Hof est un autre ensemble architectural remarquable, construit de 1908 à 1929 selon des plans de Emil Franz Hänsel.

Im ehemaligen Messepalast Specks Hof befindet sich Leipzigs älteste Passage

Leipzig's oldest arcade, the former Specks Hof trade fair centre · La plus vieille galerie de Leipzig dans l´ancien palais des foires Specks Hof

Das Geschäftshaus Specks Hof wurde nach der Familie Speck von Sternburg benannt und war das erste Messehaus mit einem perfekten Zwangsrundgang für Besucher. Bis 1989 diente es als Ausstellungsort für Leder- und Schmuckwaren. Im Jahr 1995 wurde es nach der Sanierung wiedereröffnet. Sehr sehenswert sind seitdem die drei Lichthöfe, die von zeitgenössischen Künstlern gestaltet wurden. In ihrer Verbindung von Altem und Neuem gehört die Passage in Specks Hof zu den glanzvollsten ihrer Art in Deutschland.

The commercial premises of Specks Hof were named after the Speck von Sternburg family. This was the very first commercial display area that was deliberately arranged in a way that compelled visitors to take an all-round tour. Till 1989 Specks Hof served as a showroom for leather goods and jewellery. In 1995 it was reopened after a thorough refurbishment. The three inner courtyards, designed by contemporary artists, are well worth a visit. With its combination of old and new, Specks Hof arcade is one of the most striking of its kind in Germany.

Nommé d'après la famille noble Speck von Sternburg, le Specks Hof fut le premier palais des foires offrant un circuit fermé aux visiteurs. Jusqu'en 1989, l'édifice fut un lieu d'exposition de maroquinerie et de joaillerie. Après la réunification de l'Allemagne, il fut entièrement restauré et rouvert au public en 1995. Les trois patios couverts intérieurs sont décorés d'œuvres d'artistes contemporains. Le passage du Specks Hof qui associe l'ancien et le moderne, est une des réalisations les plus réussies en son genre d'Allemagne.

Die Grimmaische Straße ist eine der wichtigsten Einkaufsstraßen Leipzigs. Entlang beeindruckender Bauten wie dem Reichshof findet man überall Boutiquen, Einzelhandelsgeschäfte und Kaufhäuser. In den warmen Monaten laden viele Straßencafés zum Verweilen ein. Gute Einkaufsmöglichkeiten bietet auch die Hainstraße. Gleich am Anfang der Straße stößt man auf eine Attraktion, den „Barthels Hof". Er ist der letzte erhaltene Handelshof aus den Zeiten der Warenmesse. Sehenswert ist der Renaissance-Erker, der mit einer goldenen Schlange verziert ist. Seit 1890 existiert im Durchgangshof eine Gaststätte.

Grimmaische Strasse is one of Leipzig's foremost shopping streets. It is lined with imposing buildings such as the Reichshof, and numerous boutiques, retailers and department stores. In warm weather you can take a break at one of the inviting street cafes. Hainstrasse is also an excellent place to shop. On entering it, you will find the famous attraction of Barthels Hof, the only surviving complex built to serve the needs of tradesmen in the era of Leipzig Fairs. Look out for the Renaissance bay window, decorated with a golden snake. There has been a restaurant in the passage here since 1890.

Bordée d'édifices impressionnants tel le Reichshof, la Grimmaische Strasse est une des rues commerçantes les plus importantes de Leipzig. Outre des boutiques et des grands magasins, on y trouve de nombreux cafés avec des terrasses accueillantes en été. La Hainstrasse invite également au lèche-vitrine. Elle débute avec le « Barthels Hof », le dernier immeuble de négoce conservé de l'époque de la foire aux marchandises. Son superbe encorbellement de style Renaissance est décoré d'un serpent doré. Une brasserie est installée dans son passage intérieur depuis 1890.

Die 800 Jahre alte Nikolaikirche

The 800-year-old Nikolaikirche · Saint-Nicolas, une église bâtie il y a 800 ans

Kein Gebäude der Stadt ist mit den Ereignissen der jüngsten deutschen Geschichte so tief verbunden wie Leipzigs ältestes Gotteshaus: die Nikolaikirche von 1165, die dem Schutzpatron der Kaufleute geweiht wurde. Hier fanden die legendären Friedensgebete statt, die mit den Montagsdemonstrationen zur Wiedervereinigung Deutschlands führten. Die Kirche wurde im 12. Jahrhundert an der Kreuzung von zwei Handelswegen gegründet. Der achteckige Mittelturm (1555) wurde nach Plänen des Leipziger Bürgermeisters Lotter gebaut.

No other building in the city is so closely linked to the events of recent history as Leipzig's oldest church: the Nikolaikirche of 1165, dedicated to the patron saint of merchants. This is where the legendary Monday Prayers took place, which, along with the Monday Demonstrations, led to the reunification of Germany. The church was founded around the 12th century at the place where two trade routes crossed. The octagonal central tower (1555) was designed by the Leipzig mayor Lotter.

Aucun autre monument de la ville n'est autant lié aux événements de l'histoire récente que la plus vieille église de Leipzig, l'église Saint-Nicolas, datant de 1165 et dédiée au patron des marchands. Dans cette église eurent lieu les légendaires prières du lundi suivies des manifestations du lundi qui favorisèrent la réunification de l'Allemagne. L'église fut fondée au XIIe siècle au carrefour de deux voies de commerce. La tour centrale octogonale (1555) fut construite d'après les plans de Lotter, maire de Leipzig.

Das Innere der Nikolaikirche wurde 1785-97 durch Carl Dauthe im klassizistischen Stil umgestaltet. Von Adam Friedrich Oeser stammen das Altarbild mit der Auferstehung Christi und etwa 30 weitere Gemälde. Die Orgel geht auf ein Instrument des Orgelbauers Friedrich Ladegast aus dem Jahr 1862 zurück. Das Plakat „Schwerter zu Pflugscharen" am Eingang der Nikolaikirche stammt aus der Zeit der Friedlichen Revolution `89. Unter dem Motto „Nikolaikirche - offen für alle" ist die Kirche ein geistiger Freiraum geblieben.

Between 1785-1797, the interior of the Church of St Nicholas was refurbished by Carl Dauthe in Neo-Classical style. The altarpiece is the work of Adam Friedrich Oeser and depicts the Resurrection of Christ along with about 30 other scenes. The organ was originally the work of the organ builder Friedrich Ladegast and dates from 1862. The Swords to Ploughshares poster at the church entrance dates from the Peaceful Revolution of 1989. With its motto of „Nikolaikirche – open for all", the church still stands for a spirit of tolerance and open-mindedness.

L'intérieur de Saint-Nicolas fut réaménagé en style néoclassique entre 1785 et 1797 par Carl Dauthe. Le tableau de l'autel figurant la résurrection de Jésus et une trentaine d'autres peintures sont dus à Adam Friedrich Oeser. L'orgue remonte à un instrument réalisé en 1862 par le facteur d'orgues Friedrich Ladegast. L'affiche « Glaives de labour » dans l'entrée de l'église date de l'époque de la révolution pacifique de 1989. Jusqu'à aujourd'hui, l'église est restée un lieu où souffle l'esprit de la liberté, selon la devise : « Nikolaikirche – ouverte à tous ».

Leipzig bei Nacht, Blick vom City Hochhaus über die Stadt

Leipzig by night, view from the city skyscraper on the left the russian church St. Alexi · Vue nocturne de Leipzig dans le City Hochhaus

links im Bild die russischen Kirche St. Alexi und das Völkerschlachtdenkmal
and the Memorial to the Battle of the Nations · sur la gauche l'église Saint-russe Alexi et le Monument commémoratif de la bataille des Nations

Gewandhaus zu Leipzig am Augustusplatz

The Leipzig Gewandhaus, Augustusplatz · Gewandhaus de Leipzig sur l'Augustusplatz

Das Gewandhaus wurde bis 1981 auf Initiative von Kurt Masur erbaut und ist das dritte Domizil des Gewandhausorchesters. Dieses gilt als das älteste bürgerliche Konzertorchester im deutschen Raum und geht auf das „grosse Concert" von 1743 zurück. Markant ist das 716 m² große Deckengemälde von Sieghard Gille. Es ist das größte Deckengemälde Europas und wurde durch Gustav Mahlers „Lied von der Erde" angeregt. Vor dem Gewandhaus befindet sich der Mendebrunnen (1886), das prunkvollste Wasserspiel der Stadt.

The Gewandhaus was completed in 1981. The project, initiated by the conductor Kurt Masur, aimed to provide the Gewandhaus orchestra with its third new home. The Gewandhausorchester is the oldest public orchestra in Germany and began life in 1743 as the Great Concert society. A notable feature of the building is the 716 square metre ceiling painting by Sieghard Gille, the largest of its kind in Europe. It was inspired by Gustav Mahler's „Das Lied von der Erde". In front of the Gewandhaus stands the Mendebrunnen (1886), the most ornate fountain in Leipzig.

Construit sur une initiative de Kurt Masur, le Gewandhaus terminé en 1981 est le troisième domicile de l'orchestre éponyme. Le Gewandhausorchester est le plus ancien orchestre fondé par la bourgeoisie en Allemagne et remonte à l'ensemble du « Grand Concert » de 1743. La peinture de 716 m² qui décore le plafond est due à l'artiste Sieghard Gille. Elle est la plus grande fresque de plafond d'Europe et est inspirée du « Chant de la Terre » de Gustave Mahler. Se dressant devant la salle de concert, la fontaine de Mende (1886) est le plus beau jeu d'eau de la ville.

RES SEVERA VERUM GAUDIUM

Das Museum der bildenden Künste geht auf die Gründung des „Leipziger Kunstvereins" im Jahr 1837 zurück und befindet sich seit 2004 in einem kubistischen Neubau. Den Höhepunkt der Sammlung stellt die Beethoven-Plastik von Max Klinger dar, die er 1902 bei der Ausstellung der Wiener Sezession zum ersten Mal präsentierte. Felix Mendelssohn Bartholdy kam 1835 nach Leipzig. Als Gewandhauskapellmeister entwickelte er Leipzig zu einer Musik-Metropole und gründete 1843 das erste deutsche Konservatorium.

The history of the Leipzig Museum of Fine Art can be traced back to the founding of Leipzig Art Society in 1837. Since 2004, the museum has been housed in a brand new rectangular building covered in glass. The highlight of the collection is Max Klinger's sculpture depicting Beethoven, first shown to the public in the Vienna Secession exhibition of 1902. Felix Mendelssohn Bartholdy arrived in Leipzig in 1835. As the director of the Gewandhaus, he made Leipzig into a leading music centre and in 1843 founded the first German conservatory of music here.

Le musée des Beaux-Arts remonte à l'Association des Arts (Leipziger Kunstverein), fondée en 1837. Il se trouve depuis 2004 dans un nouvel édifice de forme cubique. Une pièce maîtresse de la collection est la statue de Beethoven que le sculpteur Max Klinger présenta pour la première fois en 1902 à l'exposition des peintres de la Sécession viennoise. Felix Mendelssohn Bartholdy vint s'installer à Leipzig en 1835 où il prit la direction de l'orchestre du Gewandhaus. Il fit de la ville une métropole de la musique et fonda en 1843 le premier conservatoire allemand.

Die Oper am Augustusplatz

The Opera House, Augustusplatz · L'Opéra sur l'Augustusplatz

Die Oper Leipzig geht auf das Jahr 1693 zurück und ist nach Venedig und Hamburg die drittälteste bürgerliche Musiktheaterbühne Europas. Hier wurde unter anderem 1837 Albert Lortzings Erfolgsoper „Zar und Zimmermann" uraufgeführt. Das heutige Opernhaus wurde1960 eröffnet und verfügt über 1.250 Sitzplätze. Die Innengestaltung gilt als herausragendes Beispiel der Architektur der 1950er Jahre. Hinter dem Opernhaus kann man sich am Schwanenteich entspannen. Die imposante Anlage wurde 1785 im englischen Stil angelegt.

The history of Leipzig Opera House dates back to 1693. It is Europe's third oldest public opera house, after Venice and Hamburg. The first performance of Albert Lortzing's successful Zar und Zimmermann in 1837 was just one of many opera premières to take place here. The present – day building, which seats 1,250 visitors, opened in 1960. The interior decorations are regarded as an excellent example of the architectural style of the 1950s. Behind the opera house you can relax in an imposing park with a swan lake. The grounds were laid out in English style in 1785.

Fondé en 1693, l'Opéra de Leipzig est le troisième plus ancien théâtre musical « bourgeois » d'Europe après Venise et Hambourg. Il accueillit entre autres la première du célèbre opéra « Zar und Zimmermann » composé en 1837 par Albert Lortzing. Inauguré en 1960, l'édifice actuel comprend 1 250 places. Son aménagement intérieur présente un remarquable exemple d'architecture des années 1950. Situé derrière l'Opéra, le Schwanenteich (étang des cygnes) est un agréable lieu de détente, aménagé en 1785 dans le style paysagiste anglais.

Museen im Grassi

Museums in Grassi · Complexe du Grassimuseum

Der Komplex des Grassimuseums wurde 1925 bis 1929 unter der Bauleitung von Hubert Ritter errichtet und beherbergt drei Museen. Das Museum für Völkerkunde gehört mit etwa 200.000 Objekten zu den bedeutendsten Museen seiner Art. Das Museum für Angewandte Kunst wurde 1874 als zweitältestes Kunstgewerbemuseum in Deutschland gegründet und ist eines der bedeutendsten seiner Art in Europa. Ein architektonisches Kleinod ist die im Art Déco-Stil errichtete Pfeilerhalle.

The Grassi museum complex was built between 1925-1929. It was designed by the head of municipal planning, the architect Hubert Ritter, and contains three museums. The Museum of Ethnology, with about 200,000 objects, is one of the most important of its kind. A tour of the exhibition provides an introduction to peoples and cultures from all over the world. The Museum of Art and Design, founded in 1874, is the second oldest museum of applied art in Germany, and one of the most notable of its kind in Europe. The Pfeilerhalle, a jewel of Art Deco design.

Érigé de 1925 à 1929 sous la direction de Hubert Ritter, le complexe du Grassimuseum abrite trois musées. Riche de quelque 200 000 pièces qui font découvrir les peuples et les civilisations du monde entier, le musée d'ethnologie est un des plus importants d'Allemagne en son genre. Le musée des Arts appliqués, inauguré en 1874, est le deuxième musée de sa catégorie fondé dans le pays, et très renommé en Europe. La Pfleilerhalle de style Art déco est un véritable joyau artistique.

Dieses Museum befindet sich ebenfalls im Grassi-Komplex und besitzt mit über 5.000 Instrumenten nach Brüssel die zweitgrößte Musikinstrumentensammlung Europas. Eine chronologisch geordnete Dauerausstellung bietet Interessenten aller Altersstufen einen Einblick in die Leipziger Musikgeschichte sowie in die verblüffende Welt der Musikinstrumente. Ein neu entwickeltes 3D-Soundsystem macht die Musik vergangener Jahrhunderte auch hörbar. Musik zum „Ausprobieren" gibt es im Klanglabor.

This museum is also situated in the Grassi complex and houses over 5,000 objects, making it the second largest collection of musical instruments in Europe after that of Brussels. The permanent exhibition is arranged chronologically and is suitable to visitors of all ages. It offers fascinating insights into the history of music in Leipzig and into the astonishing world of musical instruments. You can now listen to the music of bygone centuries, thanks to a newly-developed 3-D sound system, and undertake musical experiments in the Sound Laboratory.

Ce musée installé dans le complexe Grassi abrite plus de 5 000 instruments, ce qui en fait la plus importante collection d'instruments de musique d'Europe après celle de Bruxelles. Une exposition permanente présentée chronologiquement offre aux amateurs mélomanes de tous âges un aperçu fascinant de l'histoire de la musique à Leipzig et de l'univers étonnant des instruments de musique. Un système en 3D nouvellement développé permet de découvrir la musique des siècles passés. On peut aussi « goûter » à la musique dans un laboratoire sonore.

Hier wohnte
SCHILLER
und schrieb das
Lied an die Freude
im Jahre 1785.

Schillerstube im Schillerhaus

Schiller's parlour in the Schiller House · Salon dans la maison de Schiller

Bei dem 1717 als Haupthaus eines kleinbäuerlichen Dreiseithofs erbauten Schillerhaus (Menckestraße 42) handelt es sich nicht nur um das älteste erhaltene Bauernhaus in Leipzig, sondern auch um die älteste Literaturgedenkstätte Deutschlands. Im Sommer 1785 logierte hier Friedrich Schiller beim Bauern Schneider. Er arbeitete an „Don Carlos" und schrieb das „Lied an die Freude". In der Küche, den Schlafkammern und der Bauernstube sind Exponate zu Schiller und zur Geschichte des Hauses ausgestellt.

The Schiller house (No. 42, Menckestrasse), dating from 1717, was once the main section of a smallholder's farmhouse that surrounded three sides of a yard. This is not only the oldest extant farmhouse in Leipzig, but also the oldest literary monument in Germany. In the summer of 1785, Friedrich Schiller lodged here as the guest of a farmer named Schneider, working on his tragedy Don Carlos and composing his famous Ode to Joy. Memorabilia relating to Schiller and to the history of the house are on display in the kitchen, the bedrooms and the parlour.

Située au 42 de la Menckestrasse, la maison de Schiller fut bâtie en 1717 comme corps d'habitation principal d'un petit domaine agricole. Elle n'est pas seulement la plus ancienne ferme conservée de Leipzig, mais aussi le plus ancien lieu commémoratif littéraire d'Allemagne. Friedrich Schiller logea ici chez le fermier Schneider durant l'été 1785. Il y écrivit Ode à la Joie et travailla à son drame Don Carlos. La cuisine, les chambres et le salon de la maison abritent des artefacts qui évoquent Schiller et l'histoire de la demeure.

Blick über die Innenstadt bis zur Red Bull Arena

View over the centre of Leipzig, with the Red Bull Arena in the background · Vue sur le centre de la ville jusqu'au stade Red Bull

Das 1903/04 nach den Entwürfen der Architekten Schmidt & Johlige für Franz Ebert errichtete Konfektionskaufhaus gehört zu den eindrucksvollsten Geschäftsbauten jener Zeit. Hier verbinden sich Elemente des Jugendstils mit denen des Neobarocks. Die in dieser Art in Mitteldeutschland einmalige Vergoldung der plastischen Arbeiten und der Turmaufsätze entsprechen dem Originalzustand. Beim Blick über Leipzig fällt das üppige Grün auf, das sich wie ein breiter Gürtel um die Stadt zieht. Mit einem Grünflächenanteil von 16 Prozent am Stadtterritorium ist Leipzig die drittgrünste Stadt Deutschlands.

Franz Ebert's department store, which was built in 1903/04, is regarded as one of the most impressive commercial buildings of its time. The architects were Schmidt & Johlige, and their design combined elements of Art Nouveau and neo-Baroque. The gilding of the plaster mouldings and roof turrets was a unique feature in this part of Central Germany, and has been retained in the restored building. An aerial view of Leipzig reveals that abundant woodlands surround the city in a broad belt. This green girdle makes up 16% of the entire urban area, making Leipzig the third greenest town in Germany.

L'ancien grand magasin Ebert, érigé en 1903/1904 d'après des plans des architectes Schmidt & Johlige, compte parmi les plus beaux édifices commerciaux de cette époque. Il réunit des éléments Art nouveau et néo-baroques. La dorure des sculptures et tourelles, unique en son genre dans cette partie de l'Allemagne, a été refaite à l'identique. Le vaste espace vert qui frappe l'oeil sur l'image fait partie de la large ceinture de verdure autour de Leipzig. Avec 16% de sa surface recouverts d'espaces plantés, Leipzig est la troisième « ville verte » d'Allemagne.

Promenaden im Hauptbahnhof Leipzig

The shopping galleries, Leipzig Central Station · Galeries de la gare centrale de Leipzig

Nach 13 Jahren Bauzeit wurde der Hauptbahnhof am 1. Oktober 1915 als größter Kopfbahnhof Europas in Betrieb genommen. Er ersetzte vier von verschiedenen Gesellschaften angelegte Bahnhöfe. Eine technische Meisterleistung ist die Querbahnsteighalle, die mit 270 Meter Länge und 27 Meter Höhe enorme Ausmaße hat. Nach 1990 wurde der Hauptbahnhof umfangreich saniert und auf drei Etagen rund 140 Geschäfte eingebaut. Einmalig ist, dass die Geschäfte bis 22 Uhr geöffnet haben.

After thirteen years of building work, Leipzig Central Station was opened to rail traffic on 1 October, 1915. It was the largest railway terminus in the whole of Europe and replaced four smaller stations run by private rail companies. The huge dimensions of the hall of the transverse walkway, with a length of 270 metres and a height of 27 metres, make it a technical masterpiece. After 1990, the station underwent extensive refurbishment and about 140 shops were built on three floors. Uniquely in Germany, the shops are open untill 10 p.m.

Après 13 ans de travaux, la gare centrale de Leipzig, alors plus grande gare terminus d'Europe, était inaugurée le 1er octobre 1915. Elle remplaçait quatre des diverses gares de la ville qui étaient gérées par des sociétés privées. Haut de 27 m et long de 270 m, le monumental hall de la gare est une véritable prouesse technique. La gare fut entièrement réhabilitée après 1990. Trois étages bordés de 140 magasins constituent un centre commercial moderne appelé les « Promenades ». Il est ouvert jusqu'à dix heures du soir.

Bis zum Zweiten Weltkrieg war Leipzig die bedeutendste Buchmetropole Deutschlands und das Graphische Viertel ein wichtiger Standort von Verlagen und Druckereien. Den damaligen Glanz strahlt noch heute das imposante Reclam-Karree in der Inselstraße 22 aus, das der Verleger Anton Philipp Reclam von 1887 bis 1905 errichten ließ. In Leipzig wurde 1825 der Börsenverein der Deutschen Buchhändler gegründet. 1912 etablierte sich hier die Deutsche Bücherei – heute Nationalbibliothek. Einen Besuch lohnt das Museum für Druckkunst.

Untill the Second World War, Leipzig was the main centre of the German book trade. The Graphic Quarter was a key location for publishers and printers, and some of its former glory is still evident in the imposing Reclam-Karree on Inselstrasse 22, built by the publisher Anton Philipp Reclam from 1887 to 1905. In 1825 the German book trade set up its own association, the Börsenverein der Deutschen Buchhändler. The year 1912 marked the foundation of the German Library, now the National Library. The Museum of the Printing Arts is well worth a visit, with lively displays of traditional book production.

Jusqu'à la Seconde Guerre mondiale, Leipzig était la première ville du livre en Allemagne et le « Graphische Viertel », le quartier des maisons d'éditions et des imprimeries. Au 22 de l'Inselstrasse, le complexe imposant Reclam, que fit ériger l'éditeur Anton Philipp Reclam de 1887 à 1905, évoque encore l'éclat d'autrefois. La Bourse des libraires allemande fut fondée à Leipzig en 1825. La Bibliothèque allemande, aujourd'hui Bibliothèque nationale, y était créée en 1912. Le musée de l'imprimerie vaut une visite : il raconte d'une façon captivante l'histoire de tout ce qui a trait à la fabrication des livres.

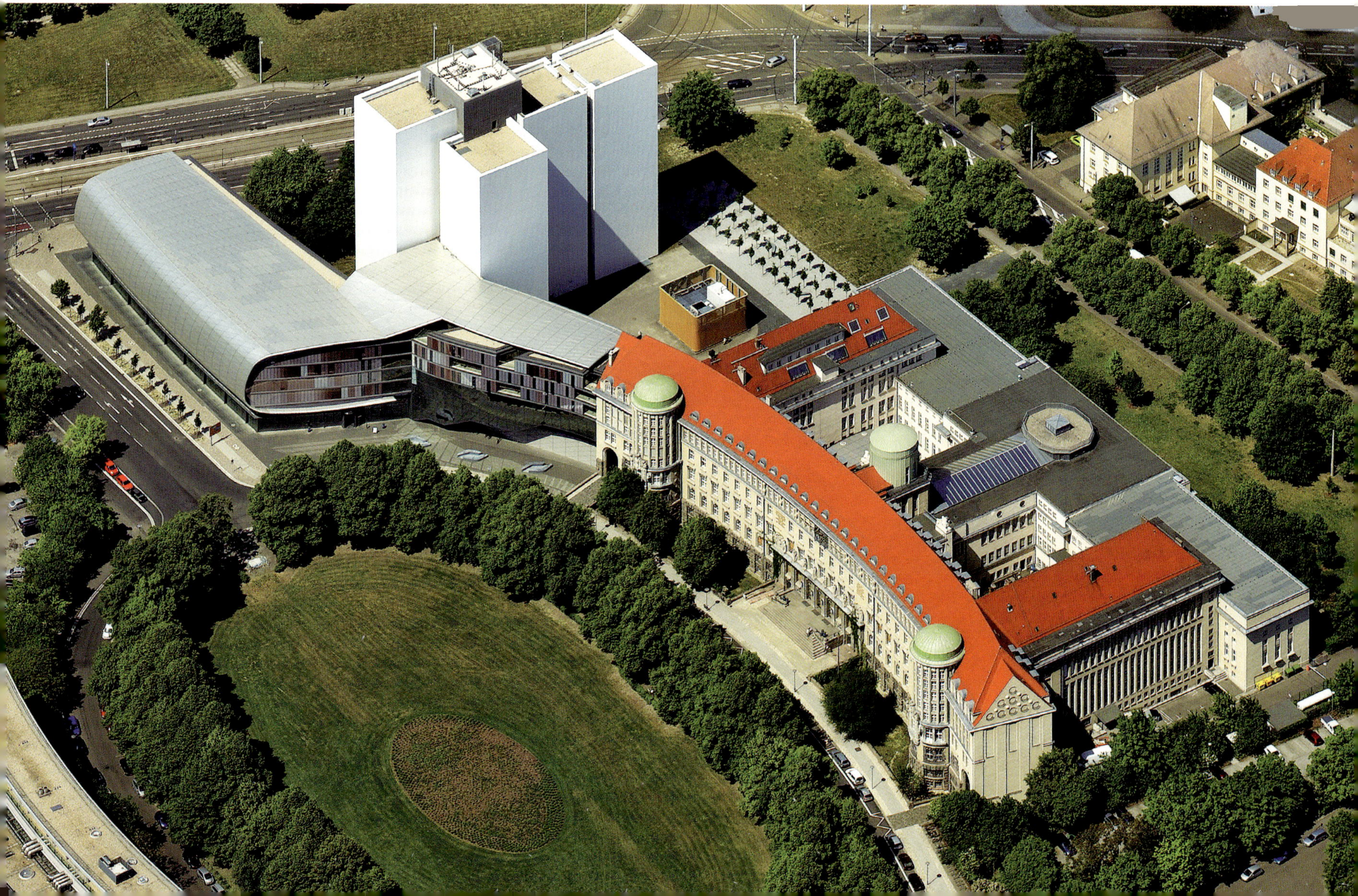

LINOTYPE
LINOTY

VERZINKEREI GROHMANN & FROSCH
RESTAURANT im STELZENHAUS
Weltfrieden
Sachsenkegler

Leipzig ist eine Wasserstadt! Rund 220 km Fließgewässer winden sich durch das Stadtgebiet, das besonders von den Flüssen Elster, Pleiße und Parthe geprägt wird. In Leipzig gibt es über 400 Brücken – mehr als in Venedig. Wer etwas Außergewöhnliches sucht, kommt in den Stadtteil Plagwitz. Hier hat sich ein Flächendenkmal interessanter Industriearchitektur erhalten, das seinesgleichen sucht. Bereits 1850 ließ der Industriepionier Karl Heine hier Wasserstraßen anlegen. Heute kann man auf den weitverzweigten Kanälen mit echten venezianischen Gondeln die Stadt aus ungewöhnlicher Perspektive betrachten.

Leipzig is a town of water. Around 220 kilometres of waterways meander through the urban area, which is dominated by the rivers Elster, Pleisse and Parthe. There are over 400 bridges in Leipzig – even more than in Venice. If you are in search of the out of the ordinary, the district of Plagwitz is a must. The whole area is a fascinating monument to industrial architecture that is without equal. The industrial pioneer Karl Heine constructed a waterway system here in 1850. Today you can board a real Venetian gondola to explore the wide network of canals and view the town from unusual perspectives.

Leipzig est une ville dans l'eau ! Elle est baignée par quelque 220 km de voies d'eau, notamment par les rivières Elster, Pleisse et Parthe, et a plus de ponts que Venise qui en compte environ 400. Le quartier de Plagwitz a un cachet très particulier : unique en son genre, il consiste en une zone d'architectures industrielles bien conservées, quadrillée par des voies d'eau que Karl Heine, pionnier de l'industrie, fit aménager en 1850. Aujourd'hui, on peut se promener – au choix en gondole vénitienne authentique- sur le réseau de canaux et découvrir des vues insolites de la ville.

Johanna-Park in der großen Parklandschaft Leipzigs

The Johanna park, one part of a extensive area of parcs · Le Johanna Park, une partie d'une vaste zone de parcs

Leipzig ist eine der grünsten Städte Deutschlands. Umgerechnet auf die Einwohnerzahl stehen jedem Bürger etwa 86 Quadratmeter Stadtgrün zur Verfügung. Leipzig ist auch die Hauptstadt der deutschen Kleingärtner, denn es gibt hier über 280 Anlagen mit zirka 40.000 Kleingärten. Neben dem nach 1770 entwickelten Promenadenring und dem Rosental ist besonders der Johanna- und Clara-Zetkin-Park sehenswert. Er vereinigt seit 1955 mehrere historische Parkanlagen, darunter den Johannapark, der von Peter Joseph Lenné geplant wurde.

Leipzig is one of Germany's greenest towns. Statistically there are about 86 square metres of green area to every inhabitant. Leipzig is also Germany's capital of allotment holders, for there are over 280 allotment gardens here, containing a total of about 40,000 individual plots. Notable parks include Promenadenring, dating from 1770, Rosental Park and Clara Zetkin Park. The last, established in 1955, is well worth a visit, for it combines several historic parks, including Johanna Park, laid out by the great landscape architect Peter Joseph Lenné.

Leipzig est une des villes les plus vertes d'Allemagne. On compte 86 m^2 de verdure par habitant. Leipzig est également la capitale des jardins ouvriers : elle possède plus de 280 terrains aménagés regroupant 40 000 parcelles cultivées par les habitants. Outre la ceinture verte (Promenadenring) aménagée après 1770 et le Rosental, le parc Clara-Zetkin est une véritable île de verdure. Depuis 1955, il regroupe plusieurs parcs historiques dont le Johannapark conçu par le célèbre paysagiste Peter Joseph Lenné.

Arena Leipzig – die Topadresse für große Sport- und Konzertereignisse

Arena Leipzig – the top venue for major sporting and entertainment events · Arena Leipzig – lieu des grands événements sportifs et musicaux

Mit der 2002 eröffneten Arena Leipzig verfügt die Stadt über eine der modernsten Multifunktionshallen in Europa. Fast täglich finden in dem architektonisch reizvollen Bauwerk Sportveranstaltungen, Konzerte, Shows und Kongresse statt. Die 150 m lange Halle verfügt über eine flexible Raumgestaltung und ermöglicht die Unterbringung von 12.000 Besuchern bei Rockkonzerten und 4.000 Besuchern bei Leichtathletikwettkämpfen. Als einzige deutsche Halle verfügt die Arena über eine 200 m Rundlaufbahn. Durch ihre zentrale Lage ist sie mit Auto, Nahverkehr, Fahrrad oder auch zu Fuß bestens erreichbar.

With the Arena Leipzig, opened in 2002, the town has acquired one of Europe's most modern multipurpose centres. This architecturally attractive building is home to an almost daily programme of sports events, concerts, shows and conferences. As the 150-metre-long hall allows for flexible partitioning, it is equally suited to accommodating an audience of 12,000 for a rock concert or 4,000 for a light athletics meeting. It is the only German arena with a 200-metre-long circular running track. Its central location means that it is easy to reach by car, public transport, bicycle or even on foot.

Depuis l'inauguration de l'Arena Leipzig, la ville possède une des salles polyvalentes les plus modernes d'Europe. Dans l'édifice à l'architecture originale ont lieu presque tous les jours des concerts, des manifestations sportives, des shows ou des congrès. L'aménagement du hall long de 150 mètres permet aussi bien d'accueillir 12 000 spectateurs pour un concert de rock que 4 000 pour une compétition d'athlétisme. L'Arena est l'unique salle de sport en Allemagne à disposer d'une piste circulaire de 200 mètres. Grâce à sa situation centrale, elle est facilement accessible par les transports en commun, à bicyclette et à pied.

Red Bull Arena – hochmodernes Fußballstadion

The Red Bull Arena – an ultra-modern football stadium · Stade Red Bull Arena – bastion avant-gardiste du football

Das 45.000 Besucher fassende Fußballstadion wurde speziell für die Fußballweltmeisterschaft 2006 konzipiert und innerhalb der alten Stadionwälle des 1956 erbauten „Stadions der Hunderttausend" errichtet. Mit der Red Bull Arena verfügt Leipzig nicht nur über ein technisch hochmodernes Fußballstadion, sondern auch über ein beeindruckendes Bauwerk. Die Architekten Wirth & Wirth aus Basel schufen eine spektakuläre Dachkonstruktion mit integrierter Flutlichtanlage. Auch die denkmalgeschützte Substanz des Vorgängerstadions wurde mit einbezogen.

The Central Stadium, with a seating capacity of 45,000, was designed especially for the 2006 FIFA World Cup. It was built inside the walls of the old stadium, the "Stadium of the One Hundred Thousand" dating from 1956. With the Red Bull Arena, Leipzig has not only gained a technically ultra-modern football stadium but also a highly impressive building. The architects Wirth & Wirth from Basle created a spectacular roof construction with an integrated floodlight facility. As a listed building, the former stadium was also integrated into the overall structure.

Pouvant accueillir 45 000 spectateurs, le Red Bull Arena a été spécialement conçu pour le Mondial de 2006 et érigé à l'intérieur des murs de l'ancien stade qui datait de 1956. Ce stade immense ne permet pas seulement à Leipzig de s'enorgueillir d'un lieu sportif doté des technologies les plus modernes, mais aussi d'un complexe architectural impressionnant. Les architectes Wirth & Wirth de Bâle ont créé un toit spectaculaire avec éclairage intégré. Des parties de l'ancien stade, placées sous la protection des monuments, ont également été intégrées.

Der Zoo Leipzig – auf dem Weg zum „Zoo der Zukunft"

Leipzig Zoo – towards the "zoo of the future" · Le zoo de Leipzig – un « zoo tourné vers l'avenir »

Der Zoo wurde 1878 von Ernst Pinkert geschaffen und gehört zu den ältesten Zoos der Welt. Mit seinen fast 900 Tierarten und dem herrlichen Baumbestand ist er gleichzeitig einer der renommiertesten Zoos. Bis 2020 erfolgt die Umgestaltung in einen „Zoo der Zukunft". Die ersten Kontinente sind bereits fertig gestellt, sodass man die Tiere in ihren natürlichen Lebensräumen hautnah beobachten kann. Neben der bereits bestehenden weltgrößten Menschenaffenanlage „Pongoland" eröffnete der Leipziger Zoo eine weitere Attraktion: die Riesentropenhalle „Gondwanaland".

Leipzig Zoo was founded by Ernst Pinkert in 1878, and is therefore one of the oldest zoos in the world. At the same time it is one of the most renowned, with almost 900 animal species and a magnificent tree population. By 2020 it will have been transformed into a so-called 'Zoo of the Future'. The first continents are already in place, so that it is possible to see the animals at close range in their natural habitat. Next to the recently built "Pongoland", the world's largest Great Ape enclosure, the zoo open a further attraction: the huge "Gondwanaland" tropical hall.

Créé en 1878 par Ernst Pinkert, le zoo compte parmi les plus anciens du monde, et aussi les plus réputés avec ses quelque 900 espèces d'animaux et un magnifique espace boisé. Son réaménagement d'ici à 2020 en fera un « zoo de l'avenir ». Les premières régions de divers continents sont déjà terminées et on peut observer de près les animaux dans leur environnement naturel. Outre « Pongoland », la plus grande installation pour singes au monde, le zoo inaugurera une autre attraction: le pays de « Gondwana » dans une immense serre tropicale.

Durch den Auenwald mit 18 km² holztragender Fläche besitzt Leipzig einen europaweit einzigartigen grünen Gürtel. Er beheimatet etwa 110 Vogel- und Säugetierarten. Charakteristisch ist die Mannigfaltigkeit des Eichen-Eschen-Ulmen- und Auenwaldes. Im Jahr 1822 kaufte der später in den Adelsstand erhobene Leipziger Kaufmann Maximilian Speck das Rittergut Lützschena und schuf einen harmonisch in die Aue eingebetteten Landschaftspark nach englischem Vorbild. Bis heute haben sich viele Fragmente einzelner Gartenszenen erhalten. So auch der Diana-Tempel.

With the Auenwald, whose woodlands extend over 18 square kilometres, Leipzig possesses a green belt unique in Europe. The Auenwald is home to about 110 different species of birds and mammals. A characteristic feature of the Auenwald is the diversity of its oak, ash and elm population. In 1822, Maximilian Speck, a Leipzig merchant later elevated to noble rank, purchased the manor of Lützschena and in the surrounding water meadows laid out a park in the style of informal English landscaped gardens. Fragments of the original scenic features, such as the Temple of Diana, still exist today.

Leipzig possède une ceinture verte unique en Europe : l'Auenwald d'une superficie de 18 km², habitat de quelque 110 espèces d'oiseaux et mammifères. L'abondance de chênes, frênes et ormes est typique de ses espaces boisés. En 1822, Maximilien Speck, négoçiant de Leipzig, plus tard anobli, achetait le manoir de Lützschena qu'il fit entourer d'un parc aménagé sur le modèle anglais, qui s'harmonisait parfaitement dans le paysage champêtre. De nombreux éléments du décor paysager d'origine, tel le temple de Diane, sont conservés jusqu'à aujourd'hui.

Gohliser Schlösschen, Kleinod sächsischer Kulturgeschichte

Gohliser Schlösschen, a jewel of Saxony's cultural history · Château de Gohlis – un joyau de la culture saxonne

„Wem's zu wohl ist, der geht nach Gohlis" lautet ein altes Sprichwort, das auch heute noch gilt, denn Gohlis ist eine der schönsten Wohngegenden. In idyllischer Lage am Rosental befindet sich das Gohliser Schlösschen, das Friedrich Seltendorff 1755/56 für den Ratsherrn Johann Caspar Richter erbaute. Ein Kleinod der Rokoko-Architektur! Sehenswert ist der 1771 von Adam Friedrich Oeser ausgemalte Steinsaal. Der Schlossgarten ist der letzte erhaltene Garten der einst berühmten Leipziger Gartenkultur des Barocks.

Gohlis has long been a desirable residential area, and in 1890 it was incorporated into the city of Leipzig. The palace of Gohlis is idyllically situated in the valley of Rosental. It was built by Friedrich Seltendorff in 1755/56 for Councillor Johann Caspar Richter, and is a jewel of Rococo architecture. A notable feature is the stone hall, with ceiling paintings by Adam Friedrich Oeser dating from 1771. Leipzig was once famed for its Baroque gardens, but Gohlis palace grounds are now the sole remaining example of this local tradition.

L'ancien proverbe : « Celui à qui la fortune sourit va s'installer à Gohlis » est encore valable de nos jours. En effet, Gohlis est un quartier résidentiel très prisé. Situé dans le Rosental idyllique, le château de Gohlis fut construit de 1755 à 1756 par l'architecte Friedrich Seltendorff pour le conseiller municipal Johann Richter. Ce joyau baroque abrite entre autres une superbe salle décorée de fresques au plafond peintes en 1771 par Adam Friedrich Oeser. Le parc est le dernier jardin baroque conservé de Leipzig.

Leipzig – die älteste Messestadt der Welt

Leipzig - the oldest trade fair city in the world · Leipzig – la plus ancienne ville de foire du monde

Schon im 11. Jahrhundert profitierte Leipzig davon, Knotenpunkt der Fernhandelsstraßen „Via imperii" und „Via regia" zu sein. Immer mehr Kaufleute siedelten sich an. Im Jahr 1497 verlieh Kaiser Maximilian I. Leipzig das Reichsmesseprivileg. Das heutige Ausstellungs- und Kongresszentrum wurde 1996 eröffnet. Es gilt als schönstes Messegelände Europas. Ein Blickfang ist die imposante Eingangshalle des englischen Stararchitekten Ian Ritchie mit einer Kuppel aus 20.000 Quadratmetern Glas.

As early as the 11th century, Leipzig profited from its location at the crossroads of two trade routes, 'Via imperii' and 'Via regia'. Increasing numbers of merchants settled here and in 1497 Emperor Maximilan I conferred the title 'Imperial' on Leipzig's trade fairs. The new Exhibition and Conference Centre, opened in 1996, is regarded as Europe's finest trade fair complex. The impressive entrance hall, designed by the leading English architect Ian Ritchie, is a striking feature, with a cupola consisting of 20,000 square metres of glass.

Déjà au XIe siècle, Leipzig profitait de sa situation stratégique au carrefour des grandes routes marchandes « Via imperii » et « Via regia ». De plus en plus de marchands vinrent s'installer dans la ville à laquelle l'empereur Maximilien 1er conféra les privilèges de ville de foire impériale en 1497. Joyau de Leipzig, ville de foire moderne, le parc des expositions comprenant un centre de congrès a été inauguré en 1996. Couvert d'une verrière de 20 000 m^2, l'imposant hall d'entrée est une réalisation du célèbre architecte anglais Ian Ritchie.

Die imposante Glashalle verbindet das Ensemble der Messebauten

The imposing Glass Hall, linking the ensemble of Trade Fair buildings · L'imposante verrière relie les divers édifices du parc des expositions

St.-Alexi-Gedächtniskirche für die gefallenen Russen in der Völkerschlacht

St Alexi Church, a memorial to the Russians who died in the Battle of the Nations · Église Saint-Alexi – à la mémoire des Russes tombés à la bataille des Nations

Sie ist ein beeindruckendes Bauwerk zum Andenken an die 22.000 russischen Soldaten, die bei der Völkerschlacht von Leipzig im Jahr 1813 gefallen sind: die St.-Alexi-Gedächtniskirche zur Russischen Ehre. Ihre Einweihung fand am 17. Oktober 1913 statt, auf den Tag genau 100 Jahre nach der Schlacht zwischen den Truppen Napoleons und denen der Allianz aus Russland, Preußen, Österreich und Schweden. Die Gedächtniskirche ist der Auferstehungskirche in Moskau nachempfunden. Der 55 Meter hohe Turm mit seiner vergoldeten Zwiebelkuppel ist weit über Leipzig zu sehen.

The St Alexius Memorial Church to the Honour of Russia is an impressive building that stands in memory of the 22,000 Russian soldiers who fell during the "Battle of the Nations" at Leipzig in 1813. The structure was consecrated on the 17th of October 1931, 100 years to the day after the encounter between the Napoleonic troops and the alliance of Russian, Prussian, Austrian and Swedish forces. The Memorial Church was based on the Church of our Saviour on Spilled Blood in Moscow. The 180-foot tower with its gilt onion dome can be seen from all over Leipzig.

L'église du souvenir Saint-Alexi est un monument impressionnant édifié à la mémoire des 22 000 soldats russes qui ont perdu la vie lors de la bataille des nations à Leipzig en 1813. Elle a été inaugurée le 17 octobre 1913, un an pile après la bataille qui a opposé les troupes de Napoléon aux armées de la Ligue, composée de la Russie, de la Prusse, de l'Autriche et de la Suède. Les architectes de l'église du Souvenir se sont inspirés de l'église de la Résurrection à Moscou. Haute de 55 mètres, la tour et sa coupole dorée en forme d'oignon sont visibles bien au-delà des limites de la ville.

Völkerschlacht-Denkmal

The Monument to the Battle of the Nations · Monument de la bataille des Nations

Das 91 Meter hohe Völkerschlachtdenkmal wurde nach Plänen von Bruno Schmitz und Clemens Thieme erbaut und setzt den über 125.000 Toten der Völkerschlacht ein ehrendes Monument. Am 18. Oktober 1913 wurde es als größter Denkmalsbau Europas eingeweiht. Bis zur Aussichtsplattform sind es 501 Stufen. Die Kolossal-Figuren in der Krypta stellen die Personifikationen der „deutschen Volkstugenden" (Tapferkeit, Glaubensstärke, Volkskraft, Opferbereitschaft) dar. Die Stirnfront schmückt eine zwölf Meter hohe Figur des Erzengels Michael.

The 91-metre-high Battle of the Nations monument was designed by Bruno Schmitz and Clemens Thieme. It commemorates the defeat of Napoleon in 1813, an imposing memorial to over 125,000 soldiers who died in battle. It was consecrated on 18 October, 1913, and was the largest monument in Europe. No less than 501 steps lead up to the observation platform. The huge figures in the crypt were meant to personify the virtues of the German people (bravery, firm faith, vigour and willingness to sacrifice). A 12-metre-high figure of the Archangel Michael adorns the front.

Haut de 91 m, le monument de la bataille des Nations, œuvre de Bruno Schmitz et Clemens Thieme, commémore les 125 000 soldats tombés dans les combats. Il fut inauguré le 18 octobre 1913 et était le plus grand monument commémoratif en Europe. On accède à la plate-forme par 501 marches. Les statues colossales de la crypte personnifient les « vertus allemandes » (bravoure, foi, nationalisme, abnégation). Une statue de l'archange Michel de 12 m de hauteur décore la face frontale.

Die Völkerschlacht von Leipzig 1813

The Battle of the Nations near Leipzig, 1813 · La bataille des Nations près de Leipzig, 1813

Nach dem gescheiterten Russlandfeldzug (1812) stellte Napoleon Anfang 1813 eine neue Armee auf. Preußen schlug sich auf die Seite Russlands. Fünf Monate später traten England, Schweden und Österreich der antinapoleonischen Koalition bei. Das Königreich Sachsen – mit Napoleon verbündet – wurde zum Kriegsschauplatz. In der Völkerschlacht bei Leipzig kämpfte Napoleon vom 16. bis 19.10.1813 gegen die Armee der Verbündeten und wurde vernichtend geschlagen. Das war das Ende seiner Herrschaft über Europa.

After Napoleon's calamitous attempt to conquer Russia in 1812, he assembled a new army at the beginning of 1813. Prussia declared itself the ally of Russia, and five months later, Britain, Sweden and Austria joined the coalition against Napoleon. The Kingdom of Saxony, however, was allied with Napoleon, and it was on this spot, near Leipzig, that war finally broke out on 16 October, 1813. For three days, Napoleon fought the Allies in the Battle of the Nations. In the end he suffered a crushing defeat that marked the end of his rule in Europe.

Après son repli de Russie, (1812), Napoléon reforma une nouvelle armée au début de 1813 pour sa campagne d'Allemagne. La Prusse s'allia à la Russie. Cinq mois plus tard, l'Angleterre, la Suède et l'Autriche rejoignaient la coalition anti-napoléonienne. Le royaume de Saxe, allié à Napoléon, devint la scène de la bataille des Nations qui se déroula près de Leipzig. Napoléon se battit du 16 au 19 octobre 1813 contre l'armée des Alliés et fut vaincu. Sa première grande défaite annonçait la fin de sa suprématie en Europe.

Traditionsfest zur Leipziger Völkerschlacht

Leipzig's traditional 'Battle of the Nations' Festival · Fête populaire célébrant la bataille des Nations

Im Gedenken an die Völkerschlacht gestalten historische Traditionsvereine jährlich im Oktober mehrere Tag lang „Lebendige Geschichte". Die ehemaligen Schlachtfelder verwandeln sich dann zu einem Ereignisort internationaler Tragweite. Biwaks, Gefechtsdarstellung, Vorträge, Konzerte und Gedenkveranstaltungen führen Uniformierte aus vielen Nationen Europas an den historischen Stätten in Leipzig, Markkleeberg und der Region zusammen. Im Jahr 2013 fand die Jubiläumsveranstaltung 200 Jahre Völkerschlacht bei Leipzig statt.

To commemorate the Battle of the Nations, many traditional societies now join to celebrate the annual Festival of Living History, which lasts for several days in October. The sites of the former battlefields are transformed into visitor attractions for an international public as bivouacs, staged battles, lectures, concerts and commemorative events draw uniformed guests from numerous European nations to historic locations in Leipzig, Markkleeberg and the whole region. The year 2013 was a special in marking the 200th anniversary of the Battle of the Nations.

Tous les ans, l'histoire revit pendant quelques jours en octobre lors de célébrations organisées par des associations historiques, évoquant la bataille des Nations. Sur les anciens champs de bataille, des reconstitutions historiques attirent un public international. Originaires de toute l'Europe, des protagonistes en uniformes mettent en scène bivouacs et combats. Ont lieu également des conférences, concerts et manifestations commémoratives. Les 200 ans de la bataille des Nations ont été célébrés en 2013.

Szenennachstellung der Völkerschlacht von 1813

Re-enacting the Battle of the Nations of 1813 · Scène de la bataille des Nations

Viele Gäste trauen ihren Augen kaum, wenn sie in das Freizeitparadies Neuseenland kommen, die „sächsische Südsee". Nur zwölf Kilometer vom Stadtzentrum entfernt tummeln sich im Sommer an den Leipzigseen tausende Badelustige, Naturfreunde und Wassersportfans. Dünengleiche Strände, reizvolle Cafés und das Wassersportzentren laden zur Erholung ein. Die Umwandlung der früheren Tagebaugebiete in eine attraktive Freizeitregion, mit dem Anbau neuer Wälder und der Entstehung von 18 Seen, haben bislang eine atemberaubenden Entwicklung durchgemacht.

Many visitors can hardly believe their eyes when they first see Neuseenland leisure park. In Saxony's answer to the South Seas, only twelve kilometres from Leipzig town centre, thousands of happy bathers, nature lovers and water sports enthusiasts crowd around Leipzig lakes in summer. Dune-like beaches, charming cafes and the harbors and water sports centres provide recreation for all. The conversion of this former open-cast mining area into an attractive leisure area is progressing at breathtaking development, with the planting of new woodlands and the creation of eighteen artificial lakes.

Bien des visiteurs n'en croient pas leurs yeux quand ils arrivent dans l'immense aire de loisirs Neuseenland. Situé seulement à 12 km du centre ville de Leipzig, le lacs de Leipzig accueille en été des milliers de baigneurs, d'amateurs de sports nautiques et d'amoureux de la nature. Des plages de sable, des cafés et restaurants conviviaux, ainsi que le ports de plaisance invitent à la détente. Avec une développement incroyable s'opère l'aménagement de l'ancienne zone minière en une région attrayante destinée aux loisirs, qui comprend la création de 18 lacs et de nouvelles forêts dans les années à venir.

Belantis – Freizeitpark bei Leipzig

Belantis amusement park near Leipzig · Parc d'attractions Belantis près de Leipzig

Mit jährlich über 500.000 Besuchern gehört der 2002 eröffnete Freizeitpark Belantis zu den zehn größten Freizeitparks in Deutschland. Im Süden Leipzigs nahe des Cospudener Sees gelegen, bietet er eine vergnügliche Reise durch acht historische Themenwelten: Schloss Belantis, Tal der Pharaonen, Land der Grafen, Insel der Ritter, Küste der Entdecker, Strand der Götter, Prärie der Indianer und das Reich der Sonnentempel. Jeder einzelne Bereich bietet vielseitige Unterhaltung und die jeweils passende Gastronomie.

With over 500,000 visitors every year, the Belantis amusement park, opened in 2002, counts as one of the ten largest of its kind in Germany. Situated to the south of Leipzig, not far from Cospudener See, the park offers visitors a pleasurable journey through eight historic theme worlds: Castle Belantis, Valley of the Pharaohs, Land of the Barons, Isle of the Knights, Coast of the Discoverer, Beach of the Gods, Prairie of the Indians an d the Empire of the Sun Temple . Each of these theme areas offers a variety of exciting entertainment, with matching cuisine

Accueillant plus de 500 000 visiteurs par an, Belantis, inauguré en 2002, fait parti des dix plus grands parcs d'attractions d'Allemagne. Il s'étend au sud de Leipzig, près du lac de Cospudener et propose un voyage ludique à travers huit thèmes historiques : le château Belantis, la vallée des pharaons, le pays des comtes, l'île des chevaliers, les côtes des explorateurs, les rivages des dieux, les prairies des Indiens et l'Empire du Temple du Soleil. Chaque zone offre de nombreux divertissements et une gastronomie se rapportant au thème.

Markkleeberg, Weißes Haus

Markkleeberg, White House · Markkleeberg, Maison Blanche

Die Stadt Markkleeberg ist das Tor zum Leipziger Neuseenland. Am 2006 eröffneten Markkleeberger See befindet sich der neu erbaute Kanupark mit der modernsten Wildwasseranlage Europas. Sehenswert ist das ehemalige Rittergut mit dem Torhaus, dem Schloss und der Auenkirche. Das Stadtgebiet ist von eindrucksvollen Parkanlagen wie dem agra-Park geprägt. Der Leipziger Konsul und Zeitungsverleger Paul Herfurth ließ sich dort 1897 eine Villa errichten, die dem Lustschloss „Petit Trianon" im Schlosspark von Versailles nachempfunden ist – das heutige Weiße Haus.

Markkleeberg is the gateway to the Leipzig Neuseenland. Lake Markkleeberg, created in 2006, has a newly built canoe park and the most up-to-date white-water course in Europe. The former manor with its gatehouse, Schloss Markkleeberg and the Auenkirche are all well worth a visit. The many parks are a characteristic feature of the townscape of Markkleeberg, as for example the agra-Park. The Leipzig consul and newspaper publisher Paul Herfurth had a villa built here in 1897, modelled on the little Petit Trianon chateau in Versailles. Today it is known as the White House.

La ville de Markkleeberg est la porte sur le Neuseenland (nouveau pays des lacs), près de Leipzig. Le lac de Markkleeberg, aménagé en 2006, offre une nouvelle installation pour canoës et le parcours de torrents et rapides le plus moderne d'Europe. À voir l'ancien domaine seigneurial avec le porche, le château et l'église. De beaux parcs donc l'agra-Park verdissent la ville. En 1897, Paul Herfurth, consul et éditeur à Leipzig, fit construire une villa sur le modèle du Petit Trianon de Versailles ; sa résidence au coeur d'un parc romantique est aujourd'hui appelée la « Maison Blanche ».

Flughafen Leipzig/Halle

Leipzig/Halle airport · Aéroport de Leipzig/Halle

Schloss Delitzsch im Stil des frühen sächsischen Barocks

Schloss Delitzsch, built in the style of early Saxon Baroque · Le château de Delitzsch – les débuts du style baroque saxon

Der Flughafen Leipzig/Halle ist einer der modernsten Airports Europas. Durch die Möglichkeit des 24-Stunden-Betriebes für den Luftfrachtverkehr und seine ideale Verkehrslage verfügt er über beste Rahmenbedingungen. Im Umfeld siedelten sich namhafte Unternehmen wie DHL, BMW, Porsche und Dell an. Nördlich von Leipzig befindet sich Delitzsch. Hier lohnt vor allem ein Besuch des Schlosses. Es diente ab 1540 als Reiseresidenz der sächsischen Kurfürsten. Um 1690 wurde es zum Barockschloss umgestaltet und ein Lustgarten angelegt, der zu den frühesten barocken Anlagen Deutschlands zählt.

Leipzig/Halle airport is one of the most modern airports in Europe. The site provides an ideal location, for here cargo planes can operate around the clock, and the terminals are easily accessible both by road and rail. The surrounding area has attracted well-known companies such as DHL, BMW, Porsche and Dell. Delitzsch, north of Leipzig, is worth visiting for its little palace. From 1540 this served as a residence for the Electors of Saxony when they were on tour, and in 1690 it was converted to a Baroque mansion with an ornamental garden, one of the first of its kind in Germany.

L'aéroport de Leipzig/Halle est l'un des plus modernes d'Europe. Grâce à sa situation géographique et une activité de 24 heures sur 24, il est aussi très important pour le fret aérien. De nombreuses entreprises de renom, telles DHL, BMW, Porsche et Dell se sont installées dans ses environs. Le château de Delitzsch vaut une visite ; à partir de 1540, il servit de résidence de passage au princes-électeurs de Saxe. Il fut transformé en château baroque vers 1690 et entouré d'un superbe parc d'agrément, lequel fait partie des premiers ensembles paysagers baroques d'Allemagne.

Schloss Thallwitz im Norden des Muldentalkreises

Schloss Thallwitz, in the north of the Muldental district · Château de Thallwitz au nord du Muldentalkreis

Wohlangesehene Herrschaften etablierten sich auf dem Lande in Landhäusern oder barocken Schlossbauten, so etwa in Knauthain, Großdeuben, Brandis und Lützschena. In Nischwitz ließ sich Graf Brühl, der Ministerpräsident August des Starken, ein Schloss bauen. Auch das 35 km von Leipzig entfernte Thallwitz ist ein beliebter Ausflugsort. Zu den Sehenswürdigkeiten gehören ein im 16. Jahrhundert erbautes Renaissanceschloss und der im französischen Stil angelegte Park. Ende des 19. Jh. wurde das Schloss Thallwitz vom Geraer Fürsten von Reuß j. L. zum Jagdschloss umgestaltet.

Rulers of good standing used to settle in country houses or in Baroque mansions of the kind still to be found in Knauthain, Großdeuben, Brandis and Lützschena. Graf Brühl, Minister-President under August the Strong, built his residence in Nischwitz. Like Thallwitz, thirty-five kilometres from Leipzig, this is a favourite place for outings. The sights of Thallwitz include a Renaissance mansion dating from the 16th century, and its park, laid out in the French style. At the end of the 19th century, Duke von Reuss of Gera converted Schloss Thallwitz into a hunting lodge.

Les nobles et nantis allaient s'installer à la campagne dans des manoirs ou des châteaux baroques, comme on peut en admirer par exemple à Knauthain, Großdeuben, Brandis et Lützschena. Le comte Brühl, premier ministre d'Auguste le Fort, se fit bâtir un château à Nischwitz. Thallwitz, située à 35 km de Leipzig, est un but d'excursion très prisé. Parmi les édifices historiques de la ville, citons le château Renaissance construit au XVIe siècle, entouré d'un parc aménagé dans le style français. Le prince Geraer von Reuss fit transformer Thallwitz en un château de chasse au XIXe siècle.

Vor den Toren Leipzigs liegt das beschauliche Schloss Machern, in dem von 1453 bis 1802 das Geschlecht derer von Lindenau residierte. Sehenswert ist der romantische Schlossgarten, der um 1760 im englischen Stil gestaltet wurde. Er ist neben den Wörlitzer Anlagen der bedeutendste Park in Deutschland aus der Zeit der Romantik. Die zahlreichen Parkbauten sind in einem sehr guten Zustand. Die Besucher können viele exotische Gewächse bewundern, zum Beispiel die im Juni blühenden Tulpenbäume. Eine Eheschließung im stilvoll eingerichteten Trauzimmer des Schlosses ist ein unvergessliches Erlebnis.

Before the gates of Leipzig stands the secluded Schloss Machern, the seat of the von Lindenau family from 1453 to 1802. Its romantic gardens, laid out around 1760 in English landscaping style, are well worth a visit. Together with Wörlitz Park, the grounds of Schloss Machern are the most important landscaped gardens of the Romantic era in Germany. The park's many architectural features are in fine condition, and visitors can admire numerous exotic plants such as the tulip trees that bloom in June. A marriage ceremony in the stylishly furnished Wedding Room is an unforgettable experience.

Aux portes de Leipzig se dresse le château de Machern, résidence de la lignée des Lindenau de 1453 à 1802. Aménagé en style anglais vers 1760, le parc est un pur plaisir pour le regard ; il est avec les jardins de Wörlitz, le parc le plus important d'Allemagne de l'époque romantique. Les visiteurs peuvent y admirer des éléments décoratifs bien conservés et de nombreuses plantes exotiques comme par exemple les tulipiers qui fleurissent en juin. Le château abrite également une salle magnifique destinée aux mariages : un événement inoubliable pour les épousés !

Schloss Gattersburg im Stil der Neorenaissance

Schloss Gattersburg, in neo-Renaissance style · Château de Gattersburg en style néo-Renaissance

Die stolze Gattersburg auf ihrem Fels ist eines der Wahrzeichen von Grimma und dem Muldental. Benannt wurde das Gebäude nach dem Landrichter Christian Gattert, der 1792 das Grundstück erworben hatte und darauf ein Wohnhaus mit Türmchen errichtete. Bis 1887 entstand nach Plänen der Leipziger Architekten Händel und Pfeiffer das heutige Haus im Stil der Neorenaissance. Heute befindet sich dort ein romantisches Hotel und Restaurant. Vom Turmcafé aus hat man einen herrlichen Rundblick über die Stadt Grimma.

The distinctive mansion of Gattersburg, one of the landmarks of Grimma and the valley of the Mulde, enjoys a prominent position on a rock above the river. It was named after Christian Gattert, a judge who bought the land in 1792 and built a house with a tower for his own use. The Leipzig architects Händel und Pfeiffer designed the present building, which dates from 1887, in Neo-Renaissance style. Today it serves as a romantic hotel and restaurant, with a tower cafe that offers a splendid panorama over the town of Grimma.

Perché sur un rocher, le fier château Gattersburg est un emblème de Grimma et de la vallée de Muldental. Il doit son nom au prévôt Christian Gattert qui acquit le terrain en 1792 et y fit bâtir une demeure flanquée d'une petite tour. L'édifice actuel fut construit dans le style néo-Renaissance en 1887 par les architectes Händel et Pfeiffer de Leipzig. Il abrite aujourd'hui un hôtel-restaurant romantique. Depuis le salon de thé en haut de la tour, on a une très belle vue d'ensemble sur la ville de Grimma.

Grimma liegt nur 25 Kilometer südöstlich von Leipzig und ist eine der größten Städte Sachsens. Sehenswert sind unter anderem das imposante Renaissance-Rathaus, die Seume-Gedenkstätte „Göschenhaus“, das Grimmaer Schloss und die alte Muldebrücke (1716-1719). Im Jahr 2008 war Grimma Schauplatz von Sachsens größtem Volksfest, dem „Tag der Sachsen“. Dieser wird alljährlich am ersten Septemberwochenende in wechselnden sächsischen Städten gefeiert und zieht Hunderttausende Besucher an.

Grimma, only twenty-five kilometres away from Leipzig, is one of the largest towns in the state of Saxony. The imposing Renaissance Town Hall is well worth a visit, as are other sights such as the Göschen House with the Seume memorial collection, the palace of Grimma and the old bridge over the River Mulde (1716-1719). In the year 2008, Grimma played host to Saxony's largest public festival, the Day of the Saxons. This event is celebrated on the first weekend in September, in a different town each year, and attracts hundreds of thousands of visitors.

Située à 25 km au sud-est de Leipzig, Grimma est une des plus grandes villes de Saxe. Parmi les nombreuses curiosités de la ville, citons l'imposant hôtel de ville Renaissance, le site Seume avec la maison « Göschenhaus », le château et le vieux pont dit Muldebrücke (1716-1719). En 2008, Grimma accueillit la plus grande fête populaire de Saxe : la « Journée des Saxons ». Cette fête qui attire des centaines de milliers de visiteurs est célébrée chaque année, le 1er weekend de septembre, dans une autre ville saxonne.

Burg Gnandstein im Kohrener Land

Burg Gnandstein in the district of Kohren · Château de Gnandstein dans le pays de Kohren

Sachsens besterhaltene romanische Wehranlage wurde Anfang des 13. Jahrhunderts erbaut. Sehenswert ist der Palassaal, das Brunnenhaus, der Burggarten und die Ausstellung. Auf der Burg kann man auch Traumhochzeiten feiern oder an einer Rittertafel speisen. Vom 33 Meter hohen Bergfried blickt man über die herrliche Landschaft. In Leipzigs Umland gibt es noch viel zu entdecken. Reizvoll ist dabei die harmonische Verbindung von Naturerlebnis, geschichtsträchtigen Stätten und kulturellen Attraktionen. Schon Goethe wusste: „Die beste Bildung findet ein gescheiter Mann auf Reisen."

Saxony's best-preserved Romanesque fortified house was built at the start of the 13th century. The great hall, well house, castle gardens and exhibition are all worth a visit. The castle is a popular venue for dream weddings and medieval banquets, and the 33-metre-high keep offers a view of the attractive countryside around. There is even more to discover in the environs of Leipzig, where much of the area's charm lies in the harmonious alliance of the natural world with cultural attractions and locations steeped in history. As Goethe knew, 'an intelligent man finds the best education on journeys'.

Le château médiéval le mieux conservé de Saxe fut construit au XIIIe siècle. À voir : les logis, la salle du puits, les jardins et l'exposition. On peut également célébrer des mariages de rêve ou dîner comme des chevaliers à Gnandstein. Une vue superbe sur la campagne saxonne s'offre depuis le sommet du donjon, haut de 33 m. Il y a encore beaucoup à découvrir dans les environs de Leipzig qui marient harmonieusement la nature, les lieux historiques et les attractions culturelles. Comme Goethe l'affirmait : « C'est en voyageant qu'un homme avisé s'instruit le mieux. »

Kupferstich der Stadt Leipzig aus der Vogelschau um 1617

Copperplate print of Leipzig from above in 1617 · Gravure sur cuivre de la ville de Leipzig vers 1617

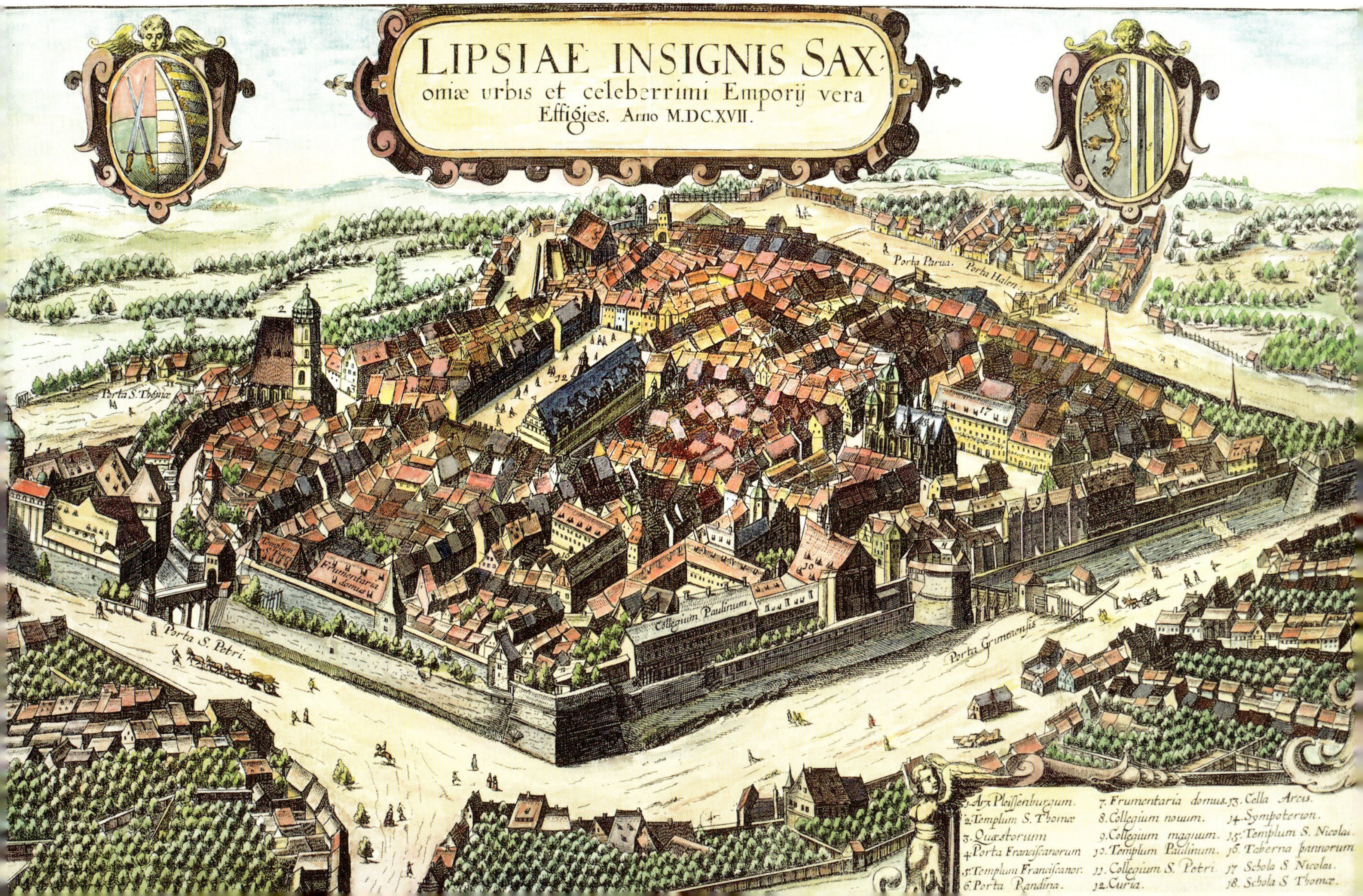

A

Alte Börse, Naschmarkt 1
www.stadtgeschichtliches-museum-leipzig.de

Alte Nikolaischule, Nikolaikirchhof 2
www.kulturstiftungleipzig.de

Altes Rathaus, Marktplatz
www.stadtgeschichtliches-museum-leipzig.de

Arena Leipzig, Am Sportforum 2
www.sportforum-leipzig.com

Asisi Panometer Leipzig, Richard-Lehmann-Straße 114 · www.asisi.de

Auerbachs Keller, Grimmaische Straße 3-5
www.auerbachs-keller-leipzig.de

B

Bachdenkmal, Thomaskirchhof 18

Bach-Museum im Bosehaus, Thomaskirchhof 15/16
www.bach-leipzig.de

Barthels Hof, Hainstraße 1
www.barthels-hof.de

Belantis Freizeitpark, Zur Weißen Mark 1
www.belantis.de

Botanischer Garten, Linnéstraße 1
www.uni-leipzig.de/bota

Bundesverwaltungsgericht, Simsonplatz 1
www.bverwg.de

C

Coffe Baum, Kleine Fleischergasse 4
www.coffe-baum.de

D

Deutsche Nationalbibliothek Leipzig, Deutscher Platz 1 · www.d-nb.de/

G

Gewandhaus zu Leipzig, Augustusplatz 8
www.gewandhaus.de
Gohliser Schlößchen, Menckestraße 23
www.gohliser-schloss.de

Grassimuseum, Johannisplatz 5
www.grassimuseum.de

H

Hauptbahnhof, Willy-Brandt-Platz
www.promenaden-hauptbahnhof-leipzig.de

L

Leipziger Messe, Messe Allee 1
www.leipziger-messe.de

M

Mädler Passage, Grimmaische Straße 2-4
www.maedler-passage-leipzig.de

Mendelssohn-Haus, Goldschmidtstraße 12
www.mendelssohn-stiftung.de

Moritzbastei, Universitätsstraße 9
www.moritzbastei.de

Museum der bildenden Künste, Katharinenstraße 10 · www.mdbk.de

Museum für Druckkunst, Nonenstraße 38
www.druckkunst-museum.de

Museum in der „Runden Ecke", Dittrichring 24
www.runde-ecke-leipzig.de

N

Neues Rathaus, Martin-Luther-Ring 4-6
www.leipzig.de

Nikolaikirche, Nikolaikirchhof 3
www.nikolaikirche-leipzig.de

O

Oper Leipzig, Augustusplatz 12
www.oper-leipzig.de

R

Romanushaus, Katharinenstraße 23
Russische Gedächtniskirche, Philipp-Rosen–thal-Str. 51A · www.russische-kirche-l.de

S

Schillerhaus, Menckestraße 42
www.stadtgeschichtliches-museum-leipzig.de

Schumann-Haus, Inselstraße 18
www.schumann-verein.de

Specks Hof, Reichsstraße 4-6
www.speckshof.de

T

Thomaskirche, Thomaskirchhof 18
www.thomaskirche.org

Torhaus Dölitz, Helenenstraße 24
www.zinnfigurenfreunde-leipzig.de

Tourist-Information, Katharinenstraße 8
www.leipzig.travel

U

Universität Leipzig, Ritterstraße 26
www.uni-leipzig.de

V

Völkerschlachtdenkmal, Prager Straße 212
www.voelkerschlachtdenkmal.de

Z

Zeitgeschichtliches Forum, Grimmaische Straße 6
www.hdg.de/leipzig/

Zoo Leipzig, Pfaffendorfer Straße 29
www.zoo-leipzig.de

Wiederkehrende Veranstaltungen

Recurrent Events in Leipzig

Manifestations annuelles à Leipzig

Januar / Februar

HAUS-GARTEN-FREIZEIT
Mit sechsstelligen Besucherzahlen ist sie eine der beliebtesten Publikumsmessen Deutschlands und bietet Angebote für Verbraucher.
www.haus-garten-freizeit.de

Beach & Boat
Auf der beliebten Messe können sich Sportbegeisterte, Neueinsteiger und Familien über Innovationen und Trends des Wassersportmarktes informieren.
www.beach-and-boat.de

März / April

Leipziger Karnevalsumzug am Rosenmontag
Der Umzug der Narren führt durch die Leipziger Innenstadt und endet mit einem Bühnenprogramm und der Verleihung der „goldenen Rose".
www.leipziger-karneval.de

Leipziger Buchmesse und Literaturfestival „Leipzig liest"
Die Buchmesse ist mit über 2.000 Ausstellern und rund 1.800 Lesungen das Bücher-Festival schlechthin und ein Kulturereignis für die ganze Familie.
www.leipziger-buchmesse.de

Honky Tonk - Musikfestival
Es ist das größte Festival seiner Art in Leipzig. Nachtschwärmer können bei Live-Musik in vielen verschiedenen Lokalitäten eine Nacht lang feiern.
www.honky-tonk.de/leipzig

Historische Leipziger Ostermesse
Beim österlichen Markttreiben vor dem Alten Rathaus erfährt man, wie vor Jahrhunderten in Leipzig gehandelt und gespeist wurde.
www.leipzig.de

Auto Mobil International (AMI)
Die alle zwei Jahre stattfindende AMI ist die wichtigste Messe für den gesamten PKW-Bereich in Deutschland und Mitteleuropa. Rund 300.000 Privat- und Fachbesucher strömen auf das neue Messegelände.
www.ami-leipzig.de

Mai / Juni

Nachtschicht. Leipziger Museumsnacht
Die Museumsnacht ist eine unterhaltsame Ergänzung zum Alltag von Museen und Sammlungen und wird durch Konzerte, Kabarett und Spielshows bereichert.
www.leipzig.de

Wagner-Festtage-Leipzig
Mit dieser Veranstaltung wird der in Leipzig geborene Komponist Richard Wagner auf verschiedene Weise gewürdigt.
www.wagner-festtage.com

Leipziger Stadtfest
Das Stadtfest gehört mit seinen über 300.000 Besuchern und dem umfangreichen Veranstaltungsprogramm zu den beliebtesten Stadtfesten in Deutschland.
www.leipzigerstadtfest.de

Wave-Gotik-Treffen
Es ist das weltgrößte Treffen der sogenannten „Gothic-Szene" mit Konzerten unterschiedlichster Musikstile bis hin zu Klassik sowie einem breiten Kulturprogramm.
www.wave-gotik-treffen.de

Bachfest Leipzig
Weltweit ist das Bachfest Leipzig einzigartig. An authentischen Wirkungsstätten sind international renommierte Interpreten in über 100 Veranstaltungen zu erleben.
www.bach-leipzig.de

Leipziger Bierbörse
Im größten Biergarten der neuen Bundesländer bieten Brauereien, Importeure, Getränkeverleger und Gastronomen über 800 Biersorten an.
www.bierboerse.com

a cappella – Internationales Festival für Vokalmusik
Voll besetzte Konzertorte, Spitzengesang und Stimmungs-Highlights prägen diese eindrucksvolle Konzertwoche.
www.a-cappella-festival.de

Juli / August

Montagskonzerte am Bachdenkmal
Bei freiem Eintritt gibt es ein Sommerprogramm von Bach bis Blues mit mitteldeutschen und internationalen Solisten, Gruppen und Sinfonie–orchestern.
www.bachkonzerte.eu

Internationales Badewannenrennen (Régates de Baquet)
Bei dieser spaßigen Veranstaltung kämpfen im Wasserbecken vor dem Völkerschlachtdenkmal internationale Teilnehmer um Preise.
www.nato-leipzig.de/badewannenrennen/

Saxonia Balloon Fiesta
Europas faszinierendste und populärste Ballon-Veranstaltung findet am Leipziger Silbersee in Lößnig statt.
www.balloonfiesta.de

Christopher Street Day
Diese kulturell-politische Veranstaltungsreihe versucht Vorurteile abzubauen und die Akzeptanz gegenüber unterschiedlichen Lebensweisen zu fördern.
www.csd-leipzig.de

Leipziger Hörspielsommer
Seit 2003 findet das deutschlandweit größte Hörspielfestival im Clara-Zetkin-Park statt.
www.hoerspielsommer.de

Classic Open
Neben Live-Auftritten kann man auf einer großen Videowand Musikmitschnitte berühmter Konzerte von Klassik bis Rock erleben sowie gut trinken und speisen.
www.leipzig.de/classic-open

Leipziger Wasserfest
Es zeigt mit interaktiven Aktionen wie Bootsparade und Gladiatorenpaddeln sowie rund 250.000 Gästen was in, an und auf den Leipziger Gewässern möglich ist.
www.wasserfest-leipzig.de

September / Oktober

Leipziger Passagenfest
In Leipzig findet man ein für Deutschland einmaliges Netz an historischen Passagen und Messehöfen. Beim Passagenfest kann man bis 24 Uhr Theater, Musik, Malerei und Mode erleben und natürlich auch Einkaufen.
www.passagenfest-leipzig.de

Leipziger Jazztage
Dieses internationale Festival pflegt den zeitgenössischen Jazz und ist ein populärer Treffpunkt für Musiker aus Ost- und Westeuropa sowie von Übersee.
www.jazzclub-leipzig.de

Leipziger Markttage
In der alten Messestadt Leipzig wurde schon vor 500 Jahren fleißig gezecht, gehandelt und gefeiert. Das Flair der damaligen Zeit kann man zu den Markttagen erleben.
www.leipzig.de/markttage/

Leipziger Opernball
Jährlich im Herbst verwandelt sich die Oper Leipzig in das schönste Ballhaus der Stadt und lädt zu einem rauschenden Fest ein.
www.opernball-leipzig.de

Herbst `89 – Aufbruch zur Demokratie und Lichtfest
Der 9. Oktober 1989 war der entscheidende Tag für den friedlichen Verlauf der Montagsdemonstrationen. Daran erinnert die Stadt jährlich mit zahlreichen Veranstaltungen und einem eindrucksvollen Lichtfest.
www.herbst89.de

Lachmesse
Die Lachmesse ist Deutschlands größtes internationales Kabarett- und Kleinkunstfestival und präsentiert rund 100 Veranstaltungen mit über 150 Künstlern.
www.lachmesse.de

DOK Leipzig
Das Internationale Leipziger Festival für Dokumentar- und Animationsfilm ist das größte deutsche Festival für diese künstlerischen Medienbereiche.
www.dok-leipzig.de

Jahrestag der Völkerschlacht bei Leipzig
Es versammeln sich Traditionsvereine aus Europa in Leipzig, um der Völkerschlacht bei Leipzig 1813 zu gedenken.
www.1813voelkerschlacht.eu

Designers` Open – Festival für Design Leipzig
Hier trifft sich die Designszene. Die Mischung aus Kommunikation, Kultur und Kaufmöglichkeiten zieht Fachbesucher, Händler und interessierte Käufer an.
www.designersopen.de

Grassimesse
Die GRASSIMESSE gilt als wichtige Verkaufsmesse für Besucher und Produzenten aus dem In- und Ausland. Eine Fachjury wählt die rund 80 Teilnehmer aus.
www.grassimuseum.de

November / Dezember

euro-scene Leipzig
Sie ist eines der bedeutendsten Festivals für zeitgenössisches Theater und innovativen Tanz in Europa. Jährlich werden etwa 15 Gastspiele mit 25 Vorstellungen präsentiert.
www.euro-scene.de

Touristik & Caravaning International
Auf der größten Urlaubsmesse Ostdeutschlands präsentieren Reiseveranstalter und Reisebüros ihre Angebote. Weiterhin sind die Bereiche Camping, Caravaning und Outdoor vertreten.
www.touristikundcaravaning.de

Leipziger Weihnachtsmarkt
Er genießt aufgrund seines einzigartigen kulturellen und kulinarischen Angebotes und der damit verbundenen Erlebnisdichte in der Innenstadt einen hervorragenden Ruf.
www.leipzig.de/weihnachtsmarkt/

Große Concerte zum Jahreswechsel
Am 31.12.1918 begründete Arthur Nikisch mit der IX. Sinfonie von Ludwig van Beethoven die Tradition der Leipziger Silvesterkonzerte.
www.gewandhaus.de

Großer Goitzschesee
Seelhausener See
Paupitzscher See
Neuhauser See
B183a
DELITZSCH
Schloss Delitzsch
HOHENPRIESSNITZ
A 9
Grabschützer See
Werbeliner See
B 2
B184
ZSCHEPPLIN
Kiessee
EILENBURG
Flughafen Leipzig/Halle Schkeuditz
A14
Rackwitz
KROSTITZ
Schladitzer See
B87
SCHKEUDITZ
B 6
TAUCHA
B181
LEIPZIG
BEUCHA
Kulkwitzer See
Machern
Schloss Machern
A14
A38
MARKRANSTÄDT
MARKKLEE-BERG
Belantis Vergnügungspark
B186
NAUNHOF
Cospudener See
Markkleeberger See
GROSSPÖSNA
Muldentalkreis
Schloss Thallwitz
A 9
LÜTZEN
A38
Zwenkauer See
Störmthaler See
Grimma
Schloss Gattersburg
STÖRMTHAL
ZWENKAU
BÖHLEN
RÖTHA
ESPENHAIN
B95
Kahnsdorfer See
Hainer See
KITZSCHER
Haubitzer See
B 2
PEGAU
HOHENMÖLSEN
GROITZSCH
B176
Speicher Witznitz
BAD LAUSICK
Großstolpener See
B176
BORNA
Bockwitzer See
Speicher Borna
EULATAL
LUCKA
REGIS-BREITINGEN
Harthsee
Haselbacher See
FROHBURG
B93
ZEITZ
MEUSELWITZ
Pahnaer See
B 7
GEITHAIN
Talsperre Windischleuba
Flugplatz Nobitz
B95
KOHREN-SAHLIS
Schömbach Talsperre
Burg Gnandstein
ALTENBURG